Grise Bouille, Tome VI

ISBN : 978-2-493727-20-6
Prix (France) : 19,95 €
Dépôt légal : avril 2024
Photo 4e de couverture : Gee (CC BY SA)
Mise en page avec LaTeX

https://ptilouk.net

Gee

Grise Bouille

Tome VI

Du même auteur :

Sortilèges & Syndicats *(2023)* — Roman de luttes sociales dans un monde heroic fantasy, publié par PVH Éditions.

Superfluous Returnz Artbook *(2023)* — Livre d'art accompagnant le jeu vidéo Superflu Riteurnz.

2022 en dessins (Grise Bouille Presse) *(2022)* — Recueil de dessins d'actualité.

Le Guide du connard professionnel *(2022)* — BD satirique scénarisée par Pouhiou, racontant la malveillance comme source de profit.

Une Auberge dans la tempête *(2022)* — Roman de suspense et d'humour racontant les péripéties d'une randonneuse réfugiée dans une étrange auberge en pleine tempête.

Les aventures inutiles de Superflu *(2021)* — Bande dessinée humoristique en couleurs, racontant les aventures d'un superhéros qui ne sert à rien.

Grise Bouille *(6 tomes - 2016 à 2024)* — Recueils de bandes dessinées mêlant humour, vulgarisation scientifique et satire politique.

Apérocalypse (roman inachevé) *(2020)* — Roman inachevé racontant la vie d'un petit lotissement péri-urbain alors que la civilisation industrielle occidentale s'effondre.

GKND, l'intégrale *(2019)* — Bande dessinée humoristique « geek » racontant les péripéties de trois étudiants passionnés de sciences et d'informatique.

L'Enfant sans bouche *(2016)* — Recueil de nouvelles diverses, de la science-fiction à la fantasy en passant par l'humoristique et l'horrifique.

Avant-propos

Deux ans. *Putain, deux ans...*

Deux ans depuis le dernier tome de *Grise Bouille*. Deux ans qui ont été les premiers passés comme « auteur à plein temps », puisque j'ai quitté mon confortable boulot de développeur informatique à l'été 2021 dans l'espoir de vivre enfin de mes activités artistiques.

Deux ans après, c'est pas encore gagné, mais il y a eu du boulot d'abattu. Ce livre en est un témoignage. Il y a eu aussi un jeu vidéo (*Superflu Riteurnz*), un nouveau roman (*Une Auberge dans la tempête*), le retour du *Guide du connard professionnel*, et j'en oublie sans doute.

Deux ans marqués par un contexte particulièrement anxiogène, entre le prolongement de l'épidémie de Covid-19, la guerre en Ukraine, la crise de l'énergie et évidemment la désastreuse campagne présidentielle et son résultat encore une fois si attendu et si désespérant. La section *La fourche* s'en ressent en étant empreinte d'une gravité et d'un désenchantement encore plus fort qu'auparavant. Cela aurait pu être pire, d'ailleurs, car ce tome n'inclue pas les dessins d'actu réalisés au cours de l'année 2022, ceux-ci ayant été compilés à part (dans le recueil *2022 en dessins*).

Comme par une sorte de réaction et de besoin d'air, de respiration, je me suis aussi senti l'envie de revenir aux sources, et d'écrire tout un tas de BD idiotes, absurdes, sans autre intention que de faire rire un bon coup. Avec le recul, j'en suis fier de ces BD, car elles sont tellement plus intemporelles et plus joyeuses que toutes mes analyses politiques et toutes mes gueulantes sur une actualité horrifiante.

Non pas qu'il faille regarder ailleurs et faire comme si de rien n'était face aux problèmes du monde. Mais peut-être, parfois, s'autoriser à respirer ; à rire ; à ne pas sombrer dans le désespoir.

Alors oui, comme d'habitude, ce tome de *Grise Bouille* oscille perpétuellement entre légèreté et gravité, entre joie et colère. Libre à vous d'y prendre ce dont vous avez besoin à cet instant.

Bonne lecture et à bientôt sur le *web* ou ailleurs,

– Gee

histoires drôles

gags

absurde

humour

Comic trip

strip

fiction

détente

gribouillages

Le *Grease Boy Bullshitgraphic Universe*, ma série d'extrême gauche décomplexée, n'a qu'un timide épisode dans ce tome, *Aidons les Balkany* en page 23.

Comme dit en avant-propos, c'est que cette section s'est petit à petit recentrée sur de l'humour purement absurde, sans lien particulier avec l'actualité ou la politique.

Ce qui ne signifie pas pour autant qu'il s'agît là de BD « bêtes et méchantes » : vous y apprendrez tout de même sans doute des choses, de l'origine des pantoufles de verre de Cendrillon en passant par des particularités de prononciations locales...

Amusez-vous bien !

Le navet

Aujourd'hui, nous allons causer du navet, un légume dont la jolie robe rose et blanche cache un goût absolument dégueulasse : le navet est une sorte de pomme de terre qui n'aurait pas réussi dans la vie.

Oui, le navet est à la pomme de terre ce que le raisin sec dans les cookies est aux pépites de chocolat.

En un mot comme en cent : le navet c'est navrant.

Comme celle des choux-fleurs ou des pieds, l'odeur du navet qui cuit évoque celle des maisons d'octogénaires...

Le mot « navet » est l'anagramme du mot « Avent ». Et si le calendrier de l'Avent fait le bonheur des enfants, le calendrier du navet quant à lui n'a rien d'enchanteur : il détaille juste les jours où il est indiqué de manger des navets.

Notez que dans la série de jeux vidéo Animal Crossing, le navet est utilisé comme outil de spéculation, preuve ultime de la nocivité de cette saleté.

Pour finir, je vous propose la seule recette de navet digne d'être citée :

1 Prenez tous les navets que vous avez sous la main.

② Ouvrez votre bac à compost.

③ Balancez vos navets dedans.

4) Refermez et secouez bien.

5) Allez cuisiner quelque chose de comestible.

25/08/21 gee

Peter Pan et cie

Bonjour ! C'est la minute culturelle du blog, et aujourd'hui je vais vous causer d'un grand classique :

Cette hilarante blague me permet donc d'introduire Peter Pan, personnage créé – d'après ce que j'ai compris – par un éléphant du nom de Jean-Marc.

Je vous préviens, je connais moyennement l'œuvre, alors je me suis documenté comme j'ai pu. J'espère que ça suffira.

Pour commencer : le nom « Peter Pan » se compose de la version anglaise du prénom « Pierre » et du nom du dieu grec de la nature « Pan », dont l'équivalent en mythologie romaine est « Faunus ».

Notons que le nom Pan fait aussi référence à un instrument dont joue Peter : la flûte... de Pan.

Qui s'appelle comme ça rapport au dieu grec aussi.

Qui a aussi donné son nom à Peter.

Enfin bref on ne sait plus qui de la flûte, du dieu ou de Peter a inspiré qui.

C'est comme la poule ou l'œuf, quoi.

L'ennemi juré de Peter est le Capitaine Crochet.

Qui, contrairement à la légende, n'est pas décédé en se grattant l'entrejambe, le « crochet » en question étant surtout un instrument de tricot.

C'est fini, le délire sur les noms ou comment ça se passe ?

Le Capitaine Crochet est souvent accompagné de son second, Monsieur Mouche, une créature hideuse issue du cerveau malade de David Cronenberg.

Bon, pour revenir à Peter, parlons d'un point important : il ne vieillit pas.

Voilà, c'est comme ça. Y vieillit pô.

Sauf dans Hook, de Spielberg, où il vieillit jusqu'à en ressembler à Robin Williams.

C'est des choses qui arrivent.

Petit aparté droit d'auteur : Peter Pan ne vieillit pas, certes... mais son copyright non plus ! En effet, l'œuvre n'est toujours pas totalement dans le domaine public malgré le décès en 1937 de Jean-Marc l'éléphant (soit depuis plus de 70 ans).

Après, moi je dis, y'a toujours moyen de contourner...

Ah oui, parce que je vous ai pas dit...

Peter, il habite un endroit appelé « Neverland » en anglais (donc littéralement « Jamaisbourg ») mais connu sous le nom de « Pays Imaginaire » en français.

Pays Imaginaire racheté en 1987 par Michael Jackson, au passage.

Enfin si j'ai bien tout compris.

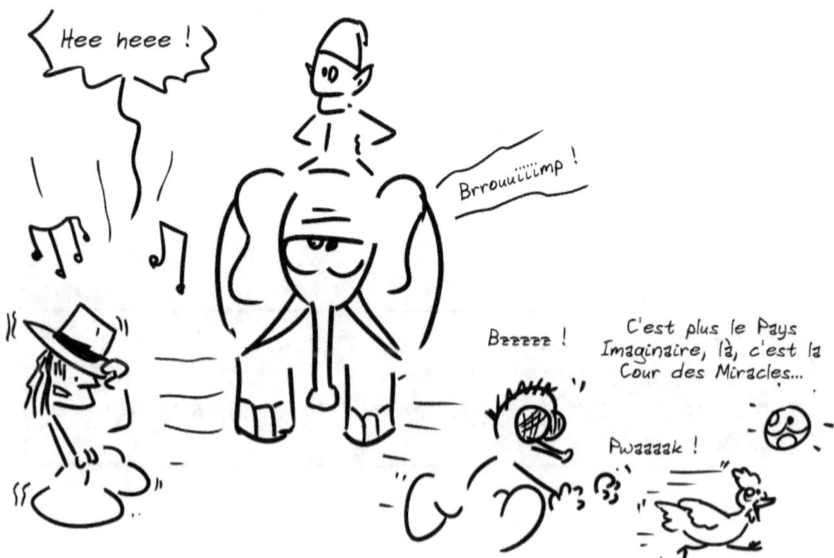

Bon à part ça, de temps en temps, pour se changer les idées, Peter va se balader au royaume d'Hyrule pour sauver la princesse Zelda des griffes de Monsieur Dorf (Ganon, de son prénom).

Oui, la fée Clochette (qu'on connait sous le nom de Navi en Hyrule – je sais, faut suivre) est en effet très chiante, mais c'est parce qu'elle est jalouse.

Bon après, elle se transforme en Julia Roberts et ça va mieux.

En parlant de Zelda, beaucoup de gens pensent à tort qu'il s'agit du nom du héros. C'est bien évidemment faux : Zelda est en réalité le nom de la poule.

Bref.

Je crois qu'on a fait le tour.

J'espère que vous avez compris quelque chose.

Parce que moi non.

Pwaaak !

Aggrouuh...

Broouiiiimp...

Oow ! Shamone !

Bzzz !

Roh non pas lui...

Excusez-moi, il paraît qu'on accepte n'importe qui dans cette BD ?

Je cherche toujours un pays qui veuille de moi...

30/09/21 gee

Année 2022

Je vous souhaite une année 2022.
Euh, t'as pas oublié un mot ?
Non, c'est le maximum d'optimisme dont je suis capable dans le contexte.
03/01/22 gee

Aidons les Balkany

Bonjour. Apredjers, section démolition. On a entendu votre appel à l'aide, m'sieur Balkany, du coup on a en profité pour raser votre aile gauche.
Vous en aviez pas l'usage, non ?
De kouwa ?!

On vous rapproche aussi votre boîte aux lettres.
Ouais, d'ailleurs y'avait un paquet de lettres des impôts dedans, vous avez dû les louper les 100 premières fois où vous avez relevé le courrier...

Euuuh, M. et Mme Balkany ? La justice vous reproche aussi de ne pas vous rendre aux convocations des Services Pénitentiaires d'Insertion et de Probation...
Non mais vous comprenez, avec nos rendez-vous médicaux, nos emplois du temps sont surchargés, on n'a pas le temps.

Alors pour ça, on a une solution aussi. Vous nous connaissez, on a le cœur sur la main.
Et ça pique, d'ailleurs.
Un tout nouveau moyen de transport ultra-rapide, le nec plus ultra. Permettez, asseyez-vous donc ici.

FAYEUR INE ZE ÔLE !

TWWIIINNNG !!!
YYYAAAAAAAAAAAAAAAAAAAAA...

Ah merde, j'ai visé un peu loin, ils ont atterri dans la prison de la Santé.
Boarf, tu sais, c'est un peu chez eux, là-bas.
Dans le doute, je suggère qu'on les y laisse quelques siècles.

Enfin, garde quand même la catapulte de côté, au cas où. Quelque chose me dit qu'on n'est pas à l'abri de les voir danser le Madison à la Fête de la Musique de Levallois.
Qu'est-ce que tu veux... ils ont la santé.

10/01/22 gee

Comparatif : quel polygone choisir en 2022 ?

Comme j'ai bac+8 en géométrie `#TrueStory`, je me permets d'apporter ma contribution aux comparateurs en ligne avec ce test des meilleurs polygones du marché.

Je précise que ce n'est pas un article sponsorisé.

Ce classement se veut objectif, avec des tests rigoureux.

Vous me connaissez, c'est pas mon genre de dire des conneries.

C'est parti.

On évacue rapidement les projets fantaisistes, comme l'Hénagone à un seul sommet, ou le Digone à deux.

Peut-être de l'avenir dans la géométrie sphérique, mais à mon sens, la techno est encore loin d'être mûre.

À réserver aux « early adopters ».

Le Triangle

Le Nokia 3310 des polygones : old school mais indétrônable.

Avantages : la simplicité, la stabilité, aucun risque de concavité ou d'auto-intersection, bref, un must du KISS*.

Inconvénient : l'incompatibilité entre la version rectangle et la version équilatérale est un peu rageante.

Qu'attend donc l'UE pour imposer des normes à ce niveau ?

Pas de risque d'auto-intersection, va dire ça au triangle plat...

* « Keep It Simple, Stupid », soit « reste simple, camarade ».

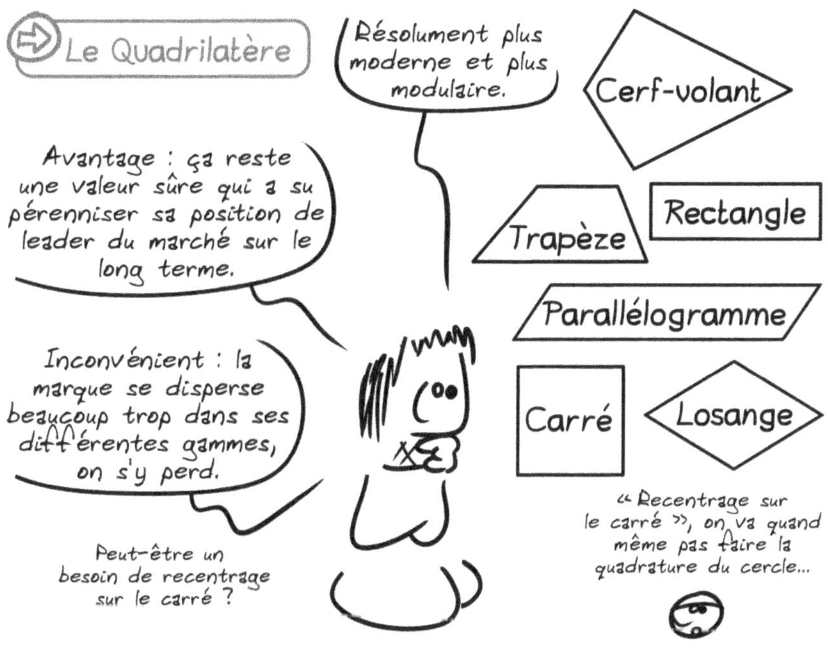
Le Quadrilatère
Résolument plus moderne et plus modulaire.
Cerf-volant
Avantage : ça reste une valeur sûre qui a su pérenniser sa position de leader du marché sur le long terme.
Trapèze
Rectangle
Parallélogramme
Inconvénient : la marque se disperse beaucoup trop dans ses différentes gammes, on s'y perd.
Carré
Losange
Peut-être un besoin de recentrage sur le carré ?
« Recentrage sur le carré », on va quand même pas faire la quadrature du cercle...

Le Pentagone
Petites bourses, passez votre chemin, on est clairement sur un produit de luxe.
Avantage : la robustesse du savoir-faire étasunien.
Inconvénient : sa réputation a pris un coup avec les révélations de Snowden sur la surveillance aux États-Unis...

L'Hexagone
Pour les adeptes du « Made in France », notre produit cocorico a su imposer son style dans un paysage pourtant déjà bien saturé.
Avantage : très pratique pour mailler un terrain en 3D isométrique.
Inconvénient : être né sous son signe, c'est pas une gloire en vérité.
Tatataaa...
L'Heptagone
Avec ses 7 côtés, il avait une certaine audace mais peine à trouver son public.
Avantage : franchement, aucun. Bancal, inintéressant.
Inconvénient : un énième projet fantaisiste basé sur un financement participatif sans lendemain. Recalé ! Next !
Cette violence...

L'Octogone
Ne boudons pas notre plaisir, l'audace paie parfois et ses 8 côtés sauront ravir les polygophiles en quête de sophistication.
Avantage : peut joliment remplacer votre vieux carré démodé avec ses élégants chanfreins.
Inconvénient : une connotation « baston » qui rebutera les plus pacifistes.
Octogoooooone !

L'Ennéagone
Non mais sérieusement, est-ce qu'après l'échec de l'heptagone, on avait encore besoin de ce genre de fantaisie ?
Ennéagone ? Ennéagone ? Eh bah qu'il y reste.
Cette sauvagerie...

Le Décagone
Définitivement un disrupteur qui a su tirer son épingle du jeu malgré un nombre un peu exagéré de 10 sommets.
Avantage : probablement le meilleur choix esthétique avec la possibilité de l'organiser en étoile.
Inconvénient : un peu fade à côté du cafégone.

Le Carlosgone
Tordu et fuyant, c'est LE produit qui divise le plus entre aficionados et haters.
Avantage : facile à ranger dans une malle.
Inconvénient : il y a un risque de complicité d'abus de biens sociaux à le posséder, faites gaffe.
REUNO

Le Chiliogone
Un polygone à 1000 sommets. Surenchère ou avant-gardisme décomplexé ? À vous de juger.
Avantage : l'exotisme de l'Amérique du Sud.
Inconvénient : est-ce qu'au bout d'un moment, on n'aurait pas plus vite fait de prendre directement un cercle ?
Chiliogone
22 langues
Cet article est une ébauche concernant la géométrie et la philosophie.
Vous pouvez partager vos connaissances en l'améliorant (comment ?) selon les recommandations des projets correspondants.
Un chiliogone [kilijɔgɔn] ou chiliagone (du grec χίλιοι (khílioi) : « mille » et γωνία (gōnía) : « angle »[1]) est un polygone à mille sommets, donc mille côtés et 498 500 diagonales.
La somme des angles internes d'un chiliogone non croisé vaut 179 640 degrés.
Sommaire [masquer]
1 Chiliogones réguliers
2 Caractéristiques du chiliogone régulier
3 Symbolique
4 Notes et références
Un chiliogone régulier
Vraie capture d'écran de Wikipédia, prise le 21 février 2022.

Conclusion

Voilà, j'espère que ce test vous a plu et qu'il vous aidera à faire votre choix dans le marché toujours plus fourni du polygone.
Perso, je suis encore plus paumé qu'avant. J'hésite à acheter une droite, du coup.

Si vous avez aimé cet article, n'hésitez pas à le partager sur les réseaux sociaux, à vous abonner à Grise Bouille et à me soutenir sur la plateforme de votre choix.

En attendant, vous pouvez utiliser le code promo POLYBOUILLE pour vous procurer le polygone qui vous a le plus convaincu.

Et appuyez sur la cloche !

Sur ce, je vous laisse avec un dernier polygone :

Gee's gone.

Mmh, c'est limite mais je valide la chute.

21/02/22 gee

États d'âne

Parlons aujourd'hui d'un brave animal trop souvent injustement associé à la bêtise : l'âne.

L'âne commun appartient à la famille des équidés.

Son nom savant est « equus asinus », ce qui signifie bien entendu « cheval à sinus ».

En parlant de cheval, on appelle parfois l'âne « le cheval du pauvre ».

Personnellement, je préfère considérer le cheval comme un « âne gentrifié ».

⚠ Ce qui n'empêche pas les transfuges de classe : quand un prolétâne va fricoter avec une bourjument, ça nous donne une mule ou un mulet.

⚠ En revanche, quand c'est une pauvrânesse qui s'encanaille avec un richeval, ça nous donne un « bardot ».

Voilà.

Moi non plus j'savais pas avant de me documenter pour faire cette BD.

Sinon, en l'absence d'accouplement interclasse, le petit d'un âne et d'une ânesse s'appelle l'ânon.

À part ça, Wikipédia m'apprend qu'un âne est très social et peut devenir pote avec des moutons et des chèvres. Et ça, ça met un peu de soleil dans ce monde de merde.

(Je vous préviens qu'aucun rapprochement désobligeant entre l'âne, le mouton, la chèvre et certaines personnalités politiques ou corps électoraux ne sera toléré : respectons un peu ces braves animaux.)

Puisqu'on en parle, crevons l'abcès : non, l'âne n'est pas idiot !

Simplement, l'âne n'obéira pas à n'importe quel ordre idiot et refusera d'obtempérer malgré l'insistance de son maître.

Bref, pour conclure : l'âne, c'est bien.

L'âne est de gôche, l'âne est sympa, l'âne est tout sauf con, et pour ne rien gâcher, l'âne est très joli avec ses grandes oreilles.

11/04/22 gee

La mandoline

Wikipédia nous dit que la mandoline est un instrument à cordes pincées originaire d'Italie.

La mandoline apparaît à l'état sauvage aux alentours du XVIIe siècle sous sa forme primitive appelée le « mandolino », à 6 cordes doubles.

(Note : si vous n'avez rien pigé à cette image, cherchez les définitions de « oline » et « oléagineux » et débrouillez-vous avec ça.)

Autour du XVIIIe siècle, le mandolino évolue en « mandoline napolitaine », avec un corps plus épais et seulement quatre paires de cordes.

Enfin, au XXe siècle, la mandoline napolitaine évolue dans sa dernière forme : le napolitain, tout simplement. Qui n'a plus grand-chose à voir avec l'instrument de départ, mais ce sont les mystères de l'évolution.

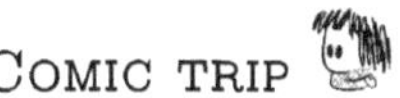

Une variante assez éloignée a été développée pour les besoins de la musique country, avec des ouïes de la même forme que celles des violons.

Notons que la personne qui joue de la mandoline s'appelle un ou une « mandoliniste ».

La mandoline est aussi un accessoire de cuisine qui peut servir à couper des chips.

Bon après, utiliser une pomme de terre comme médiator, faut aimer.

Bref, la mandoline est un instrument de musique, d'accord, mais pour une raison étrange, elle est toujours plus ou moins liée à des trucs gras. Voilà, je vous laisse avec cette conclusion, vous en faites c'que vous voulez.

(Scénario écrit collectivement pendant un stream vidéo : merci à tout le monde et en particulier à Elzen, doctor_geek, Aznörth et lebout2canap pour leurs idées !)

Foutez la paix à ma bouffe

Observons un instant cette séquence de la vie courante :

Bon.

Posons tout de suite la question qui tue à la personne un peu chatouilleuse sur les recettes et les façons de manger des pâtes...

Qu'est-ce que cela peut bien vous faire ?

Ah. Ce serait donc une question de vocabulaire ? On ferait insulte à un terme culinaire précis en l'adaptant à notre sauce ?

⚠ Au risque de vous choquer, je ne mange pas des pâtes carbo pour faire un hommage à la culture italienne, et des sushis pour une reconstitution historique précise de la cuisine japonaise...

Ah oui.

Alors en fait, les plats traditionnels, au risque de vous choquer, ce sont en général des plats qui ont évolué sur de longues périodes avec tout un tas de variantes (selon ce que les gens avaient sous la main)...

Pour la carbonara, en l'occurrence, la recette a moins d'un siècle, et le « Club della carbonara » n'en a proposé une version officielle qu'en... 2012.

(Officielle à partir du moment où vous reconnaissez l'autorité du « Club della carbonara » : personnellement, j'en ai rien à carbonarer.)

⚠ Pire : les premières versions, servies aux troupes alliées en 1944-1945, contenaient bien de la crème en plus des œufs.

Enfin peu importe, en fait : en quoi notre façon de cuisiner et de nommer notre cuisine vous impacte vous ?

Bref, pour conclure, concernant la bouffe, je vais faire simple :

22/09/22 gee

Sandrine et ses pantoufles

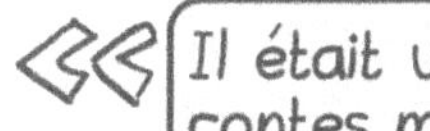

Il était une fois, à la médecine du travail des contes merveilleux...

Personne suivante. Nom, prénom, occupation ?

Ion, Sandrine. Femme de ménage.

Et qu'est-ce qu'il vous arrive ?

Il m'arrive qu'un petit malin s'est mis en tête de me faire porter des pantoufles de verre, et que j'me suis niqué les pieds !

Ah. « Niqué ». Je note.

C'est-à-dire que c'est fragile, le verre : j'ai fait trois pas, et CRAC, le talon a traversé.

« Crac », vous dites. Avec un « K » à la fin ou pas ?

Attendez un instant...
Oui, est-ce que vous pourriez m'envoyer Jean-Michel du service juridique ? J'ai une Sandrine Ion qui a un problème de pantoufle. Merci.
Un problème de bouts de verre dans les panards, surtout.

Mlle Ion ? Sandrine Ion ?
Elle-même.
Jean-Michel Wikipédia, enchanté. J'ai appris que vous aviez un petit souci de pantoufle ?
J'ai les fumerons amochés. Rapport au fait que les pantoufles étaient en verre.
Tu parles d'une idée d'abruti.

Le **petit-gris** est le nom vernaculaire donné à plusieurs espèces d'écureuils et, par extension, la fourrure de ces écureuils qui donnent le petit-gris, un assemblage de dos gris, et le **vair** (**gros-vair** et **menu-vair**), alternance de dos gris et de ventres blancs. C'était autrefois une parure vestimentaire réservée aux classes sociales les plus élevées.

J'ajoute que le terme « pantoufle » ne désigne pas une chaussure à talon comme vous en avez porté.
La **pantoufle** Écouter, est un chausson d'intérieur, sans tige et parfois sans talon, en matière légère et flexible[1] (cuir, velours, laine foulée ou feutre, etc.).
Donc même si vous l'aviez prise en « verre », V.E.R.R.E, vous ne vous seriez pas blessée avec une simple pantoufle...

Sérieusement ? Vous me voyez aller danser au bal du Prince Électron en charentaises ?
Le Prince Électron ?
Ouais, c'est mon crush, ça fait des plombes qu'il me gravite autour.
C'est électrique, entre nous, pour ainsi dire.

Bon, c'est bientôt mon tour ? Ça fait des plombes que j'attends !
Euuuh, oui, mademoiselle ?
Oh tiens, la belle-frangine !
Stasi. Anna Stasi.
Ça biche ?

Je viens de voir dans mon contrat que j'étais censée me mutiler le pied pour le faire rentrer dans la pantoufle de verre de l'autre glandu de prince, là ?
T'esquinte pas, belle-frang', elle est flinguée, la pompe.
Euuuuh...
En plus c'était pas du verre, c'était de l'écureuil.

Eh bien, votre patron, M. Grimm, est assez radical dans sa vision du conte. C'est bloquant, pour vous ?
Bah c'est-à-dire que j'avais signé pour un conte merveilleux, pas pour un remake de Saw.
C'est clair, ça va finir par devenir malsain, ces vieux libidineux avec leurs fétiches des arpions.

Pi moi j'dis : si le Prince Életruc n'est pas foutu de reconnaître la frangine autrement que par sa pointure, c'est pas une femme qu'il lui faut.
C'est des culs-de-bouteille.
Non mais c'est l'alcool, ça, faut pas s'inquiéter.
Il est toujours un peu chargé.
Faut pas voir ça négativement.

Mmh, au passage, je note ici que selon M. Grimm, Mlle Ion devrait être appelée « Aschenputtel ».
De quoi il m'a traitée, là, Jean-Michel Encarta ?
Dis donc, il va rester poli, le tâcheron.

Mais non mais c'est juste le nom de...
Ouais ouais ouais ! J'aime pas beaucoup ça !
Vous entendrez parler de nous ! Ça se réglera aux prud'ogres !

Bonjour. C'est ici les urgences ? Je m'appelle Jack et je me sens bizarre.
J'crois qu'on a glissé un truc chelou dans mes haricots.

11/10/22 gee

Animaux fascinaons

Parlons aujourd'hui de trois animaux ayant le même but dans la vie :

En effet, on prononce cette terminaison « aon » comme le son « an », et non « a-on ».

Voilà, c'est comme ça, j'y peux rien.

Bien sûr, c'est pas le cas partout, sinon ce serait pas drôle.

La prononciation des mots faon, paon et taon aurait été fixée aux alentours du XVIe siècle.

Reconstitution historique :

Enfin, sauf pour taon, c'est plus compliqué, on l'a même prononcé (et écrit) « tahon » à une époque.

⚠ Et y'a même pire : dans ma Meuse natale, on prononçait taon « ton » (comme au Québec apparemment), ce qui pouvait mener à des incompréhensions parfois amusantes.

Heureusement, d'ailleurs, qu'on ne faisait pas pareil avec les deux autres...

Terminons par un peu de géographie :

Le paon, le faon et le taon sont en réalité originaires de Laon, la préfecture de l'Aisne, ça me semble une évidence.

Cette BD est maintenaon terminée. 28/11/22 gee

Neurasténix & l'Empire de la gênance

Bon.

Le monde de la BD va mal.

Heureusement, je suis là et, vous allez voir, je vais tout sauver.

Alors...

 Il est accompagné de son copain Monomanix, qui transporte des imprimantes cassées. 

« Ils vivent en coloc, avec un petit chien. »

Du coup on fait des sous-entendus sur le fait qu'ils pourraient être gays, parce que c'est rigolo les gays, hein ? Hein ?

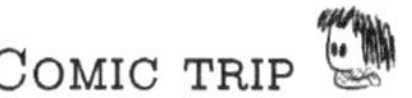

 Le méchant est un empereur du nom de Superflus. 

Alors bien sûr, c'est une BD familiale, donc entre deux blagues de cul, on mettra aussi des cabrioles et des pets. 

« Bon et puis faut une histoire d'amour, avec des guests, alors on va ramener d'autres potes.

« Nos deux héros sont amenés à voyager dans des territoires exotiques.

Du coup on peut faire des blagues sur les étrangers, parce qu'ils ont des noms, des accents et des pratiques pas comme chez nous, et c'est rigolo quand même.

Mais rassurez-vous, à la fin, les deux héros reviennent à leur point de départ en étant bien contents d'être restés les mêmes.

Parce que quand même, les voyages initiatiques, c'est sympa, mais le changement, c'est nul et c'est pour les gonzesses.

Voilà, j'espère que ça vous a plu.

Merci de partager cette BD.

Parce que c'est pas pour vous foutre la pression, mais si vous ne la partagez pas, vous allez tuer l'intégralité de la BD francophone.

Ah oui, et n'oubliez pas de m'envoyer 65 millions d'euros sur mes comptes uTip, Tipeee ou Liberapay.

(Avec un emprunt de *Pepper & Carrot* de David Revoy – avec mes excuses, d'ailleurs.)

opinions

réflexion

science

savoir

Tu sais quoi ?

culture

apprendre

anecdotes

vulgarisation

Si cette section avait démarré en s'axant principalement autour du numérique et de l'informatique, je dois bien admettre qu'elle s'est fortement diversifiée ces derniers temps.

Il faut dire que j'ai parfois la sensation d'avoir « fait le tour » de ce que je voulais expliquer dans le domaine de l'informatique. C'est sans doute parfaitement faux, et il arrive encore que j'écrive une nouvelle BD sur ce thème, mais tout de même.

Ce tome vous expliquera donc, en vrac, des choses sur la musique, sur les statistiques, sur les animaux ou tout simplement, sur de la science, de manière générale.

Toutes choses égales par ailleurs

En sciences physiques, il y a une expression qui revient souvent : « toutes choses égales par ailleurs ».

Cette phrase signifie que lorsque l'on étudie les effets de la variation d'un paramètre sur un phénomène physique, on prend en général soin de fixer les autres paramètres, sinon on peut facilement conclure des conneries.

Prenons un exemple simple :
l'équation des gaz parfaits.

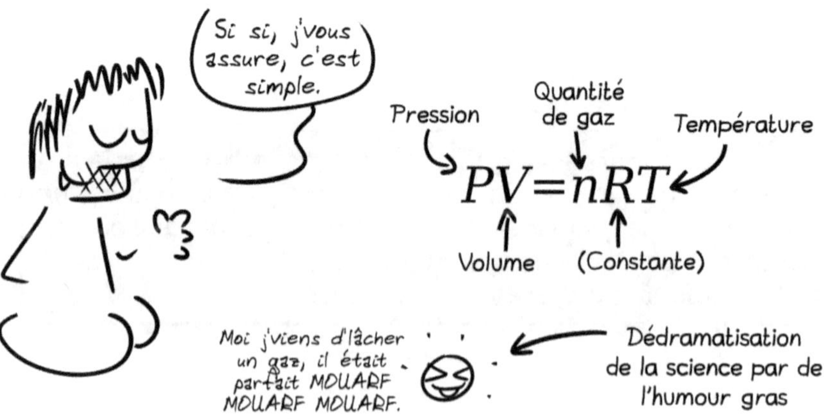

Que nous dit cette formule ? En gros, que si vous prenez une certaine quantité de gaz (parfait, mais ne vous attardez pas sur le mot), le volume que prend ce gaz multiplié par sa pression est proportionnel à sa température.

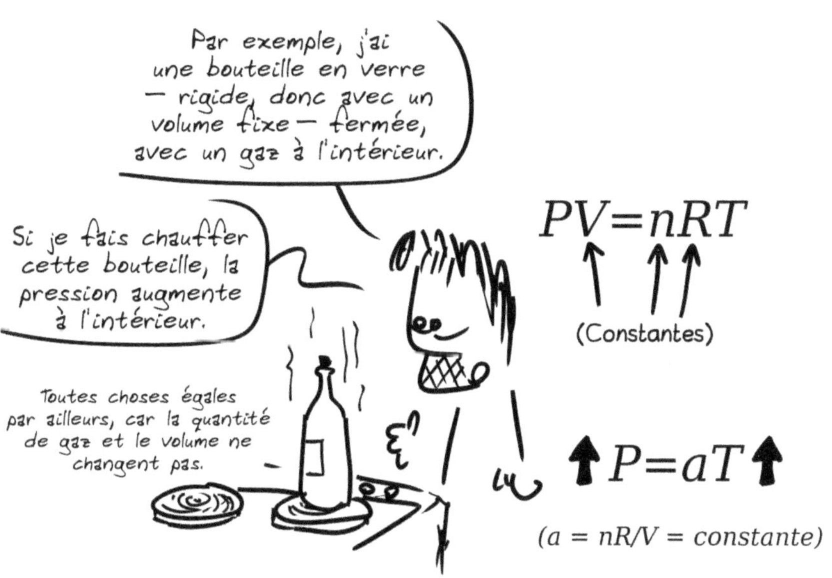

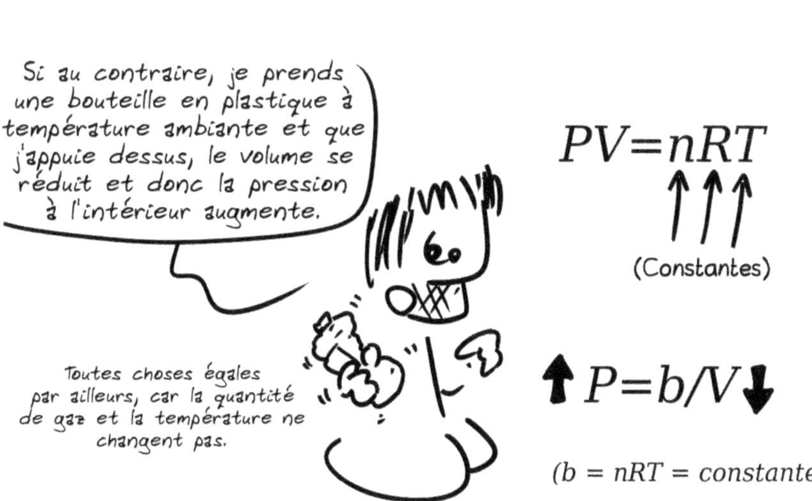

⚠ Une erreur courante consiste à considérer « toutes choses égales par ailleurs » quand elles ne le sont pas...

Prenons un autre exemple totalement fantaisiste et sans aucun rapport avec le genre de choses qu'on pourrait entendre régulièrement dans les médias :

⚠ Le truc là, c'est que Jean-Mi raisonne « toutes choses égales par ailleurs »... alors que, précisément, elles ne le sont pas.

* Avant que le Thatcher-fan-club ne ramène sa fraise, je me permets de lui préciser que « baisser les chââârges », c'est aussi baisser le salaire : le pognon que tu mets pas pour l'hôpital ou la retraite via des cotisations, ton travailleur ou ta travailleuse devra le sortir de sa poche à un autre moment.

Et je passe sur les autres paramètres qui peuvent changer, comme le fait, au hasard, que l'argent économisé puisse partir en dividendes supplémentaires et non en embauches...

Franchement, t'es mauvaise langue...

À mon avis, ça n'arrive jamais.

⚠ Ce même enfumage de considérer « toutes choses égales par ailleurs » quand elles ne le sont pas se retrouve aussi dans le discrédit de toute proposition en rupture avec le système capitaliste actuel :

Ici, l'interviewer suppose qu'on veut baisser la consommation sans rien changer d'autre, ce qui effectivement risque d'être mal reçu.

Alors qu'une baisse de la consommation, ça veut aussi dire une baisse de la production, ce qui pourrait éventuellement se traduire, soyons fous, dans un monde occidental gangrené par les burn-outs et le stress chronique, par une amélioration des conditions de vie... même en diminuant le confort matériel...

C'est ce genre de raisonnement à sens unique qui, à mon sens, a mené au mouvement des Gilets Jaunes :

Pour conclure, toute mesure anti-capitaliste ne peut qu'être nulle et non avenue si elle est considérée « toutes choses égales par ailleurs »...

Parce que ce n'est pas un petit paramètre qu'il faut varier sans toucher au reste.

C'est tout le foutu système qu'il faut renverser.

27/09/21 gee

Racine douzième de deux

En lisant ce titre, vous avez sans doute eu une de ces deux réactions :

Si vous appartenez à la première catégorie, vous vous demandez sûrement quel rapport il existe entre $\sqrt[12]{2}$, soit la racine douzième de deux (à peu près 1,059463094), et la musique.

Commençons par le commencement et donnons le LA.

Le « 440 Hz » est une convention (pas toujours suivie d'ailleurs), mais peu importe.

On s'est vite rendu compte qu'on pouvait multiplier ou diviser par deux la fréquence d'une note et obtenir des notes à la consonance quasi-parfaite : des vibrations à 220 Hz, 440 Hz ou 880 Hz donnent trois notes, une grave, une médium et une plus aiguë... mais qui à part ça semblent parfaitement similaires.

(Oui, c'est pas facile à expliquer.)

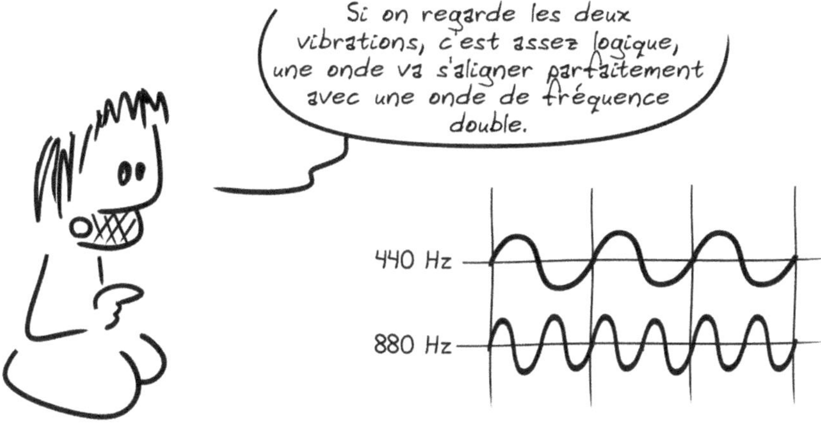

De là, deux choses :

D'abord, on a donné le même nom à ces notes.

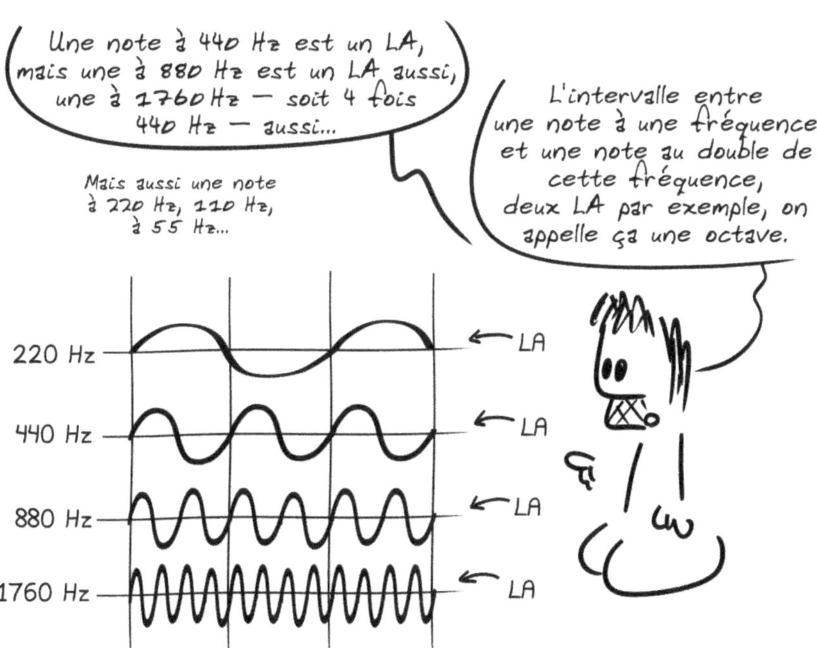

Ensuite, on en a déduit que l'oreille humaine avait une sensibilité logarithmique aux vibrations sonores :

Fréquences des LA sur une échelle linéaire :

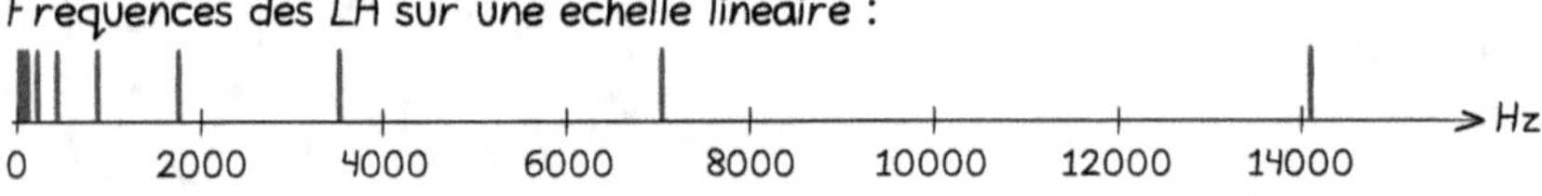

Fréquences des LA sur une échelle logarithmique :

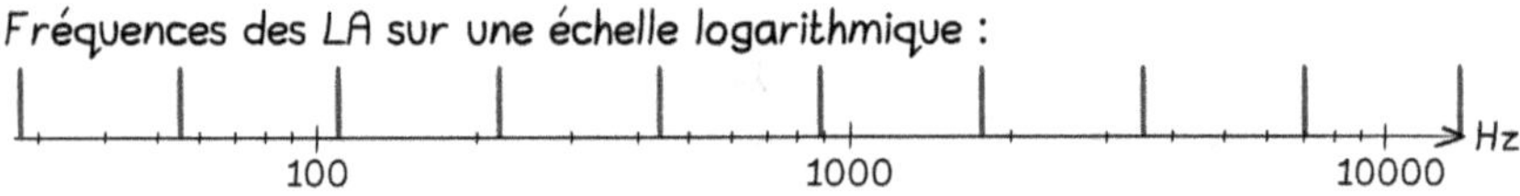

Une oreille humaine moyenne entend entre 20 Hz et 20 000 Hz, le LA le plus grave vibre donc à 27,5 Hz, et le plus aigu à 14 080 Hz.

Bon, on a pondu un paquet de LA, d'accord, mais qu'en est-il des autres notes ?

Eh bien admettons par exemple qu'on prenne la fréquence moyenne entre les deux LA précédents, soit la fréquence du LA à 440 Hz multipliée par 1,5 (soit 3/2).

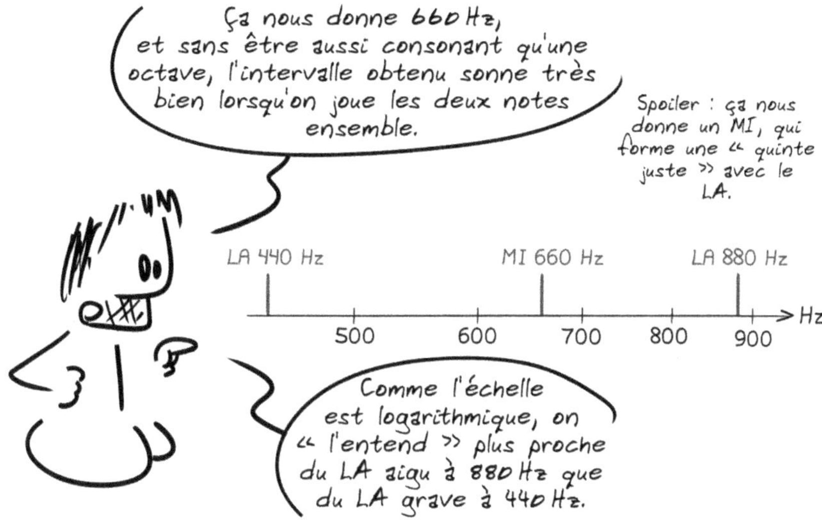

On peut répéter ce processus en partant cette fois du nouveau MI obtenu.

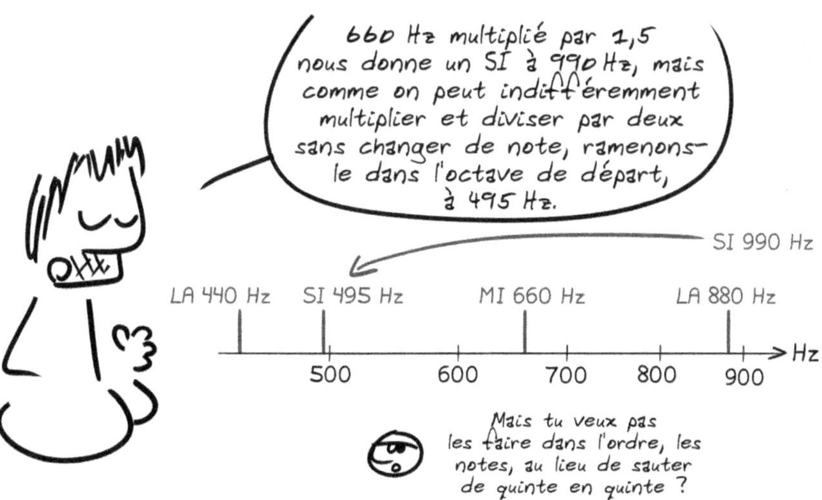

Au bout de 12 fois, on retombe sur notre LA de départ...

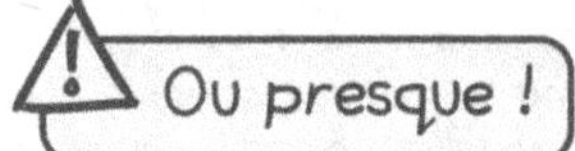

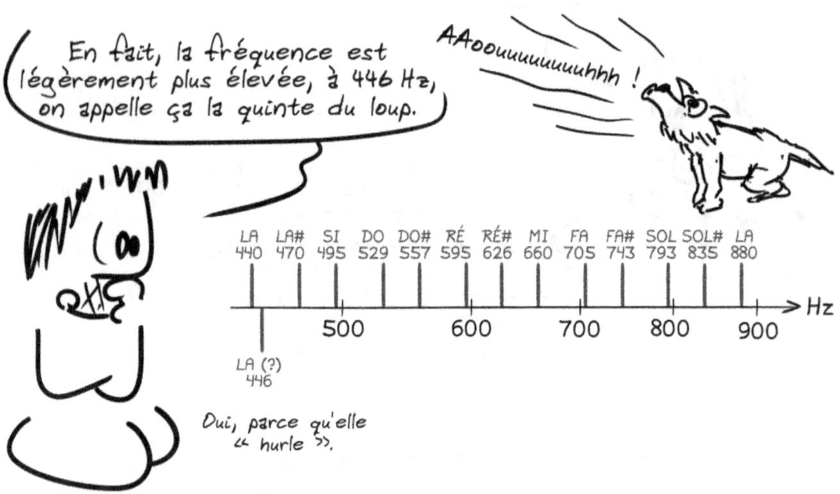

On peut remarquer que les douze notes produites sont quasiment distribuées régulièrement sur notre échelle logarithmique...

Ce « quasiment », il nous ennuie un peu, parce que ça veut dire que si on refait ce petit manège en partant d'une autre note, on ne tombera pas exactement sur les mêmes fréquences...

Est-ce qu'on ne pourrait pas tricher un peu et les espacer vraiment régulièrement ?

⚠ Pour espacer douze valeurs régulièrement, on prendrait normalement la différence entre le maximum et le minimum et on diviserait par douze... mais rappelez-vous qu'on est en échelle logarithmique !

Il ne faut pas que ce soit la différence entre deux valeurs qui soit constante mais le rapport : on doit donc trouver le nombre qui, multiplié 12 fois par lui-même, donne 2...

Ce nombre, c'est $\sqrt[12]{2}$.

En multipliant la fréquence d'une note par $\sqrt[12]{2}$, on tombe quasiment sur la note obtenue par l'enchaînement des quintes... tout en s'assurant de bien retomber sur la même note à l'octave suivante à la fin, sans quinte du loup, et en retrouvant les mêmes fréquences quelle que soit la note de départ !

Et avant, on utilisait quoi ? Eh bien, par exemple, la gamme pythagoricienne, celle construite avec la succession de quintes...

Réaccorder les instruments à chaque changement de tonalité, j'vous raconte pas la galère...

Alors dans mon morceau de métal progressif, il y a 5 changements de tonalité en 7 minutes, soyez sur le coup pour réaccorder entre deux notes...

La gamme tempérée qui utilise $\sqrt[12]{2}$ nous simplifie donc grandement la vie, même si les fréquences des différentes notes ne s'accordent en réalité pas exactement entre elles...

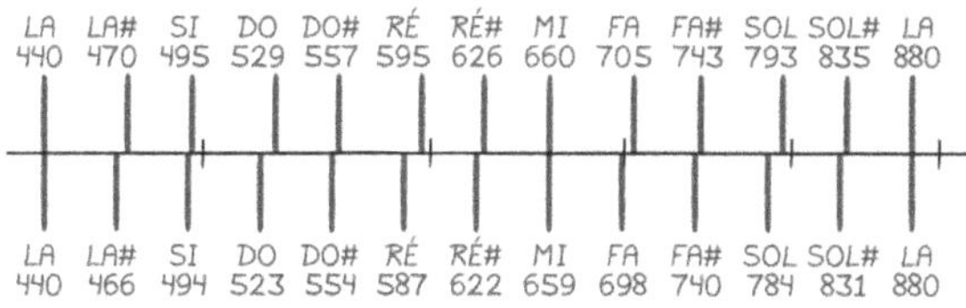

Rapport moyen entre deux notes consécutives de 1,059488...

Rapport constant entre deux notes consécutives de $\sqrt[12]{2}$ = 1,059463...

Heureusement, l'erreur est suffisamment faible pour ne pas être dérangeante à l'oreille.

J'me demande s'il y a des puristes de la gamme pythagoricienne comme il y a des puristes de la musique non-compressée...

Pour finir, vous allez peut-être me demander... mais pourquoi a-t-on donc donné un nom simple à 7 d'entre ces 12 notes (do, ré, mi, fa, sol, la, si) et pourquoi les 5 autres sont-elles nommées avec des dièses (ou des bémols) ?

Bref, en théorie musicale, la limite entre physique acoustique et conventions, c'est un sujet qui n'est pas

03/03/22 gee

L'effet râteau

Contrairement à ce que l'on pourrait imaginer de prime abord, l'effet râteau ne désigne pas la malchance en relations amoureuses.

Pour comprendre l'effet râteau, regardez attentivement ces deux images :

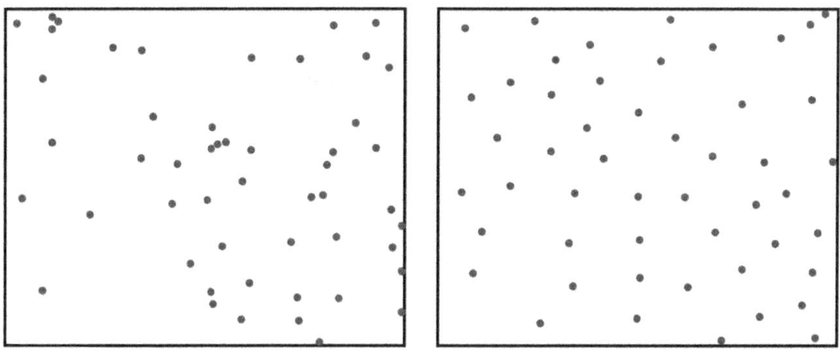

Laquelle des deux images vous semble correspondre à une distribution où chaque point est choisi aléatoirement, indépendamment des autres ?

Si vous vous êtes fait la même réflexion que Jojo, bravo : vous êtes victime de l'effet râteau !

En effet, les points ont été tirés indépendamment sur la première image... alors que sur la deuxième, un critère a été ajouté pour rejeter un point s'il tombait trop près d'un autre. La position des points dépend donc des autres points.

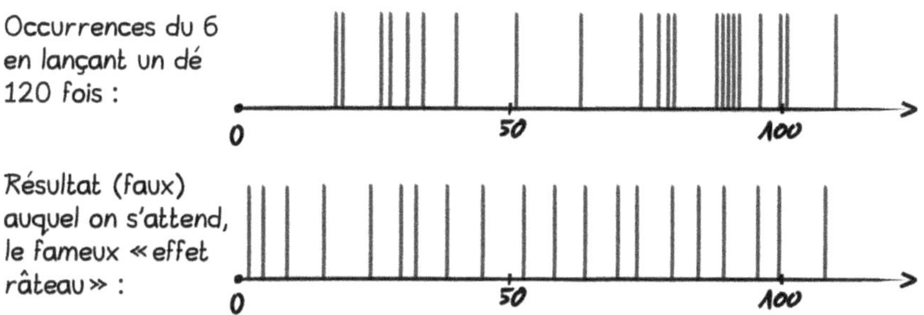

⚠ Face à une distribution régulière, on devrait au contraire, tel Paul McCartney, se poser les questions :

* « *Tous ces événements isolés, d'où viennent-ils donc ?
Tous ces événements isolés, à quelle distribution aléatoire
appartiennent-ils donc ?* » (traduction approximative)

Il semble que nous ayons tendance à surestimer l'aspect aléatoire de certains événements...

Tout en voyant des interdépendances entre plusieurs événements aléatoires successifs alors qu'il n'y en a pas...

Il y avait 3 % de chances de faire 5 fois « pile » de suite ($0{,}5^5 \approx 0{,}03125$)... mais il y avait aussi 3 % de chances de faire, disons, « pile-face-pile-face-pile ».

La foudre peut tomber deux fois au même endroit. Le fait qu'un événement ait une chance sur X de se produire ne signifie pas qu'il va nécessairement se produire une fois toutes les X occurrences...

⚠ Bref, soyons toujours prudents avec nos instincts vis-à-vis des statistiques... parce que c'est un coup à être victime d'effets comme l'effet râteau, et à faire des conneries.

Pseudonymes animaux

Le pseudonymat est une technique éprouvée pour protéger son identité. Technique répandue jusque dans le règne animal...

Ainsi, vous savez peut-être que la mouffette est l'autre nom du sconse.

Si vous voulez traiter quelqu'un de morue dans le feutré, n'oubliez pas son pseudonyme...

On pourrait aussi parler de l'orque, qui se cache parfois astucieusement derrière le nom « épaulard ».

Le loup peut désigner un canidé ou un poisson, mais dans le cas du poisson, on l'appelle aussi « bar ».

⚠ Certains pseudonymes ne passent pas la barrière de la langue. Ainsi, l'anglais utilise « owl » indifféremment pour une chouette ou un hibou (qui sont, de toute façon, des noms vernaculaires pas forcément très précis).

Alors vous allez peut-être me dire...

Mais comment est donc désignée Hedwige dans la VO d'Harry Potter, dont la version française distingue bien qu'il s'agit d'une chouette, contrairement aux nombreux hiboux utilisés dans l'histoire ?

Voilà.

Donc Hedwige est un hibou grand-duc, en fait.

Ma vie est un mensonge.

Pour finir, notons que la barrière de la langue pour les pseudonymes animaux existe aussi dans l'autre sens. Ainsi, les anglophones ont plusieurs mots différents pour désigner une « tortue » :

20/10/22 gee

La fabuleuse histoire du mètre

Le mètre. Parlons-en.

Avant le mètre, c'était le bazar.
En général, on mesurait comme ça :

Ça nous venait des Romains et ça a donné le système impérial, avec son pied (foot) divisible en 12 pouces (inches) et correspondant à 1/3 de verge (yard).

Ce qui nous apprend que les Anglais ont, au choix, de très petits pieds ou des chibres gigantesques.

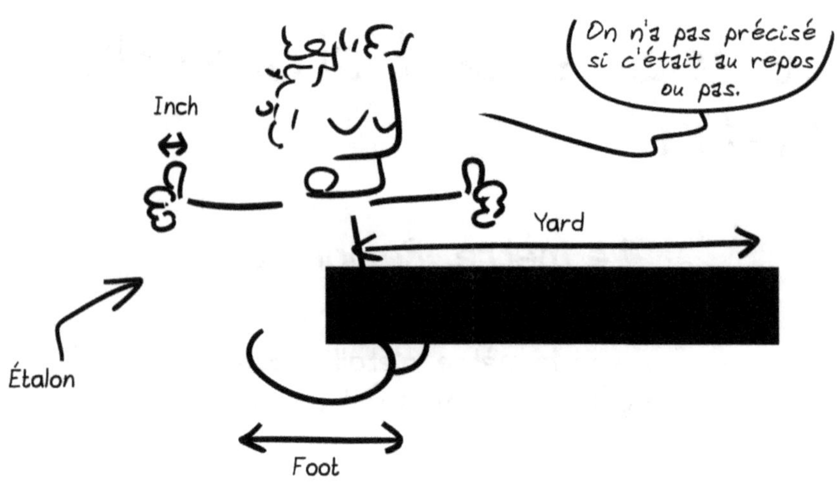

⚠ Un problème nous apparaît immédiatement : ces mesures sont peu précises, en plus de pouvoir varier selon la pointure ou la température de l'eau.

Bref.

Au XVIIe siècle, on commence à se dire que pour faire de la science sérieusement, ce serait bien d'arrêter de se mesurer les panards et de trouver une mesure universelle basée sur un phénomène naturel stable et reproductible.

Le mètre était né !

Plus besoin d'étalons se détériorant avec le temps, le phénomène est reproductible partout... sauf qu'il y a un hic.

⚠ Eh oui ! La pesanteur terrestre variant légèrement selon la latitude, cette belle mesure universelle... n'est plus vraiment universelle.

Qu'à cela ne tienne, on cherche alors un truc naturel qui soit vraiment invariable.

On se dit alors qu'on va se baser sur la taille de la Terre, vu que c'est un truc qui varie pas des masses.

Sauf si on se mange un astéroïde géant dans la tronche.

Là ça peut varier un peu.

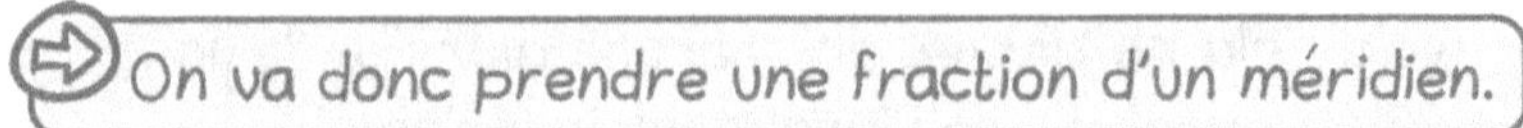

C'est la mesure de la Méridienne de France sur le méridien de Paris qui donnera la longueur d'un mètre en 1798.

Je vous passe les détails sur la façon de mesurer ça, surtout avec les moyens de l'époque...

➩ On découpe une barre de platine qui fait la taille mesurée, et on en fait le mètre étalon.

On affine ensuite les mesures en corrigeant les estimations sur la taille d'un méridien... en on construit des étalons plus stables en platine iridié.

⚠ Reste le problème que ces étalons se dégradent avec le temps et que les méthodes pour les mesurer restent trop imprécises et compliquées à reproduire.

En 1960, on utilise donc une nouvelle méthode, plus fiable :

Tu veux pas nous remontrer le coup du pendule ?

Eh bien quelque part, on revient à la méthode du pendule : on mesure tout d'abord une durée, parce qu'on arrive à le faire d'une manière plus précise. Ainsi, en 1983, on définit le mètre comme la distance parcourue par la lumière dans le vide en un 299 792 458e de seconde.

Oui bon...

Pour la seconde comme pour le mètre, on est partis de phénomènes naturels facilement compréhensibles par l'être humain mais peu précis et instables...

... pour finir par les normaliser par des phénomènes physiques complexes mais précis et stables.

actualité

logiciel libre

informatique

libertés

Dépêches Melba

veille

nouvelles

culture libre

droit d'auteur

Framablog

Les BD d'actu autour du numérique publiés conjointement sur le *Framablog* ont également vu leur ligne éditoriale s'affiner au fil du temps.

Ainsi, je m'y autorise quelques digressions, que ce soit avec une parodie du Petit Prince en page 131 ou avec une ode à Mastodon en page 143.

Ce qui ne signifie pas pour autant que j'aie arrêté de documenter les frasques des GAFAM ou des États : la société de surveillance mise tout doucement en place nous apporte régulièrement son lot d'actualités hallucinantes, et il me semble nécessaire de documenter tout cela !

Linux trentenaire

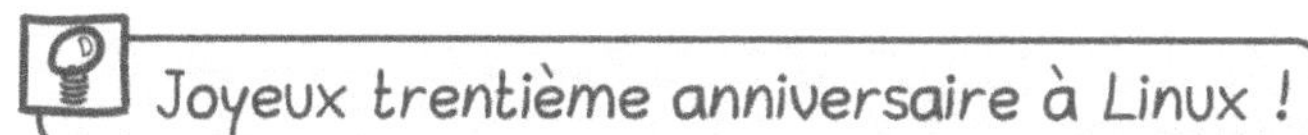

Pour être précis, nous fêtons l'anniversaire de l'annonce du développement de Linux par un étudiant finlandais, un certain Linus Torvalds, le soir du 25 août 1991...

La première version diffusée sera la 0.02, quelques semaines plus tard.

En 1992, le logiciel devient officiellement libre – il n'était alors que gratuit – en adoptant la licence GNU GPL, et la version 1.0.0 sort en mars 1994.

⚠ Eh oui, car à l'époque, deux systèmes d'exploitation libres existent déjà : le fameux projet GNU dont le noyau Hurd n'était pas encore fonctionnel, et le projet BSD de l'université de Berkeley alors empêtré dans un procès avec AT&T.

* Le gnou ignorait alors tout ce que cette déclaration avait de prophétique : aux dernières nouvelles, la version 0.9 de GNU Hurd est sortie en 2019.

C'est donc Linux qui tire son épingle du jeu, et naissent très vite les fameuses « distributions » Linux, qui associent le noyau Linux avec les utilitaires GNU, le système d'affichage X Window et bientôt des environnements de bureau comme Gnome ou KDE, des suites bureautiques, etc.

30 ans après l'annonce de son lancement, Linux a-t-il réussi ? Demandons donc l'avis au verre à moitié plein / à moitié vide.

Tout dépend donc de notre façon de mesurer la « réussite ». D'un côté, Linux équipe aujourd'hui de nombreux équipements informatiques...

⚠ … d'un autre, force est de constater que cette popularité s'est construite parfois bien loin des idéaux du projet GNU.

Souhaitons, malgré ces bémols, un joyeux anniversaire à Linux, sans qui le visage du numérique actuel serait sans nul doute fort différent…

Le Petit Crypto-Prince

Cinq cent un million de quoi ?
Millions de ces petites choses que l'on voit quelquefois sur les pages web.
Des pubs pour des rencontres chaudes dans ta région ?
Mais non, des petits trucs rectangulaires avec des couleurs.
Ah ! Des images ?
C'est bien ça. Des images.

Et que fais-tu de ces images ?
Ce que j'en fais ?
Oui.
Rien. Je les possède.
Tu possèdes les images ?
Oui.
Mais si je fais « Impr écran »...
Tu ne la possèdes pas. Tu la copies. C'est très différent.

Qu'est-ce que ça veut dire ?
Non, mais je peux en faire un NFT !
Moi, si je possède un poster, je puis le punaiser au mur de ma piaule. Moi, si je possède un album photo, je puis l'emporter avec moi en voyage. Mais tu ne peux pas « emporter » une image numérique.

Ça veut dire que j'ai une sorte de document numérique qui dit que cette image est à moi et à personne d'autre.
Et ça suffit ?
Ah non, il faut que je crame une certaine quantité de la forêt amazonienne pour certifier ce petit document et que tout le monde soit bien sûr qu'il est authentique.

17/01/22 gee

Google, l'espion le plus con du monde

Aujourd'hui, je vais vous raconter une drôle d'histoire au pays des GAFAM. C'est l'histoire de Mark, Californien père au foyer d'un très jeune garçon. Mark est ultra-connecté, notamment aux services de Google.

En février 2021, Mark remarque que le sexe de son fils est gonflé et douloureux.

Comme c'est un vendredi soir en pleine pandémie, un rendez-vous d'urgence en téléconsultation est pris avec l'hôpital.

Le mal est identifié, des antibiotiques sont prescrits, la santé du bambin s'améliore ensuite rapidement, bref tout va bien.

Sauf que bien sûr, l'histoire ne s'arrête pas là.

Deux jours plus tard...

Eh oui, car Google (tout comme Apple, Microsoft et les autres) est très engagé dans la lutte contre la pédocriminalité. Jusqu'à se permettre de lire et analyser vos conversations mail, qui, rappelons-le, sont des conversations PRIVÉES.

Le pire étant donc que non contents d'espionner tranquillou tous les mails qui passent sur leurs serveurs, les empaffés de chez Google sont infoutus de faire la différence entre une image pédopornographique et une photo d'ordre médical.

La police est bien entendu prévenue par Google et arrive rapidement à la conclusion évidente qu'il s'agit de photos médicales et qu'il n'y a aucune raison de poursuivre Mark. Elle tente de le joindre mais...

Bien sûr, Mark, ingénieur logiciel de formation, est confiant : la police l'ayant déjà lavé de tous soupçons, il va faire une réclamation à Google, expliquer la situation qui est somme toute très claire et toute bête, et tout va rentrer dans l'ordre.

Le compte finit par être définitivement supprimé, et comme Mark y a attaché à peu près toute sa vie numérique (comptes liés, forfait de téléphone, sauvegardes, etc.)...

L'identité numérique de Mark ne vécut pas heureuse et n'eut pas beaucoup d'avatars.

C'est vrai que les happy ends hollywoodiens, c'est surfait.

L'histoire de Mark est une histoire vraie,
et elle n'est pas un cas isolé.

Heureusement, il n'y a aucune fatalité à ce que cela nous arrive à nous aussi.

Pour cela, commençons évidemment par ne pas utiliser Gmail, Outlook et compagnie pour nos mails.

Si, parfois, nous n'avons pas d'autre choix que d'avoir un compte Gmail, ne l'utilisons pas pour des mails sensibles, et n'utilisons pas nos comptes Google/Facebook/autre pour nous identifier sur d'autres sites, même si c'est pratique.

Enfin, et surtout, même s'il peut nous arriver d'utiliser ces outils... n'obligeons pas les autres à le faire.

(De manière générale : faisons au mieux. L'hygiène numérique, c'est pas simple, c'est pas à la portée de tout le monde. Faisons ce que nous pouvons.)

06/09/22 gee

Mastodon, c'est ~~pouet~~ chouette

Avec le rachat de Twitter par Elon Musk, une nouvelle vague d'arrivées a atteint Mastodon, le réseau de microblog libre et décentralisé.

Je ne doute pas que la vague retombera, à commencer parce que Mastodon ne vous manipule pas pour vous rendre accro à son utilisation.

Ça fait partie des choses que j'aime sur Mastodon : un design qui tente de désamorcer les comportements malveillants.

Je pourrais aussi vous parler des CW, les « content warning » (avertissement sur le contenu) qui permettent de masquer un message en précisant juste le sujet en clair.

On peut également flouter les images par défaut, ce qui permet par exemple de commenter une image de film contenant un spoiler en prévenant les gens avant un clic malencontreux.

* « Not Safe For Work », ne regardez pas ça au boulot.

⚠ Alors bien sûr, ce design qui se veut apaisé (et apaisant) implique aussi de se défaire de certains réflexes de Twitter...

En même temps, qu'est-ce que c'est reposant, même à un niveau purement technique.

Même les liens sur lesquels vous cliquez ne vous pistent pas, encore une fois contrairement à Twitter.

Après, Mastodon n'est pas non plus un havre de paix et de tranquillité. Le côté microblog encourage toujours les prises de bec et la recherche de la bonne réplique ciselée, au lieu des débats sereins. Même avec une limite de caractères plus haute que sur Twitter.

On fait également souvent le reproche qu'il n'y a pas d'outil intégré pour faire un « thread », un fil de message continu (il faut répondre manuellement à chaque message).

Pour finir, je ne peux m'empêcher de vous parler de ce que je préfère dans Mastodon, sans aucun doute la killer feature la plus disruptive **#StartUpNation**, face à laquelle Twitter ne pourra jamais rivaliser : les messages s'y appellent des « pouets ».

Oui je sais, la dernière version remplace « pouet ! » par « publier », mais ça restera toujours des pouets dans mon cœur. **#TeamPouet**

16/11/22 gee

Refusons la surveillance biométrique

Comme vous le savez, la France doit accueillir les Jeux Olympiques et Paralympiques en 2024.

En plus de ces joyeusetés, côté sécurité/surveillance, c'est pas jojo non plus.

Ainsi, l'Assemblée nationale va se prononcer en mars sur un projet de loi relatif à ces jeux, et dont l'article 7 consiste à autoriser la vidéosurveillance automatisée.

La VSA, c'est la vidéosurveillance accompagnée d'algorithmes qui analysent les corps et les comportements pour détecter des personnes « suspectes ».

C'est donc un outil de surveillance de masse qui reproduira les biais bien humains de manière automatique et à grande échelle.

Le pire, c'est que la VSA est déjà déployée dans plus de 200 villes en France en toute opacité, avec notamment le logiciel Briefcam de Canon, utilisé à Nice, Roubaix ou encore Nîmes, et bien d'autres...

Ajoutons que ces logiciels fonctionnent par des méthodes d'apprentissage automatique de type deep learning, des boîtes noires qui ne sont réellement maîtrisées que par une poignée d'experts pendant que les start-uppers jouent aux apprentis-sorciers avec...

Avec évidemment, en prime, la petite excuse classique si ça déconne : « c'est pas notre faute, c'est l'algorithme ».

Du coup je me permets de recycler ce dessin de ma BD « Google, l'espion le plus con du monde » :

Alors bien sûr, on nous dit que ça ne sera qu'une expérimentation pour les JO...

Ce à quoi l'expérience d'à peu près
toutes les lois de merdes soi-disant temporaires devenues
permanentes devrait nous amener à répondre :

C'est pour toutes ces raisons que la Quadrature du Net lance une campagne avec un récapitulatif des problèmes et contre-arguments, ainsi qu'une plateforme pour contacter vos députés et députées afin de les appeler à voter contre :

www.laquadrature.net/biometrie-jo

22/02/23 gee

La fourche

contestation

satire

défouloir

société

politique

critique

caricature

subjectif

Je ne vais pas vous répéter, comme à chaque tome, qu'il s'agit la section la plus fournie du blog. Dans ce tome, on trouvera peu de dessins courts, car comme je l'ai précisé en intro, ce genre de dessin s'est vu déporté dans un tome à part (*2022 en dessins*).

En revanche, on y trouvera un nombre inhabituellement élevé d'article textuels et non sous forme de BD : c'est que j'ai parfois tellement de choses à dire qu'il me semble que les dessins seraient une distraction inutile, quelque chose qui se mettrait sur le chemin de la clarté que je recherche.

Alors c'est évidemment la section la plus déprimante du livre, mais j'espère celle aussi qui offre les meilleures analyses et niveaux de réflexions également. C'est un peu mon endroit préféré pour gamberger et vous partager le résultat de mes gambergements...

Retour de vacances

En plus, faut pas s'inquiéter avec l'extrême-droite : la menace ne vient pas de là, puisqu'on a appris grâce à Eric Zemmour que les nazis étaient un mouvement de gauche.
Ah ?
Ouais. Bon après, c'est à prendre avec des pincettes, ça vient du même grand intellectuel qui avait déclaré « le vert des écologistes qui est aussi le même vert de l'Islam, COMPARAZAR ».
Effectivement.
Et c'est ce même esprit fin qui, apparemment, souhaiterait se présenter à la présidentielle de 2022.
Oh ? Remarque, entre lui et l'héritière Le Pen, si ça peut emmerder les fachos avec des débats de merde sur le vote utile comme on s'en tape nous depuis 20 ans, ça serait un bon retour de karma...
Pas faux.

Bon, en face, on a heureusement Manuel Valls qui a toujours le tapis rouge déroulé dans tous les médias.
Le mec spécialisé en échecs des deux côtés des Pyrénées qui s'étonne que ses trahisons lui donnent une image de traitre ?
Lui-même.
Rassure-moi, son temps de parole est compté pour la gauche par le CSA ?
Évidemment.
Évidemment.

Pour finir, le même Valls a appelé au barrage républicain...
Rien de très inhabituel.
... contre une coalition de gauche.
Ah.
Surprenant mais logique en fin de compte : il pouvait difficilement se retrouver du côté gauche du barrage...

Alors ? Des envies de repartir en vacances ?
Plutôt des envies de meu... muscler ma plume.

Mais promis, ce sera de l'humour.
Évidemment.
Évidemment.

30/06/21 gee

Le jour du 14 juillet

Paraît que c'est la fête nationale française aujourd'hui. Moi, j'ai beau rester dans mon lit douillet, je me demande quand même ce que vient foutre la musique qui marche au pas dans tout ça...

Le 14 juillet célèbre AUSSI la Fête de la Fédération du 14 juillet 1790, qui symbolise l'unité de la NAÂATION !
La nation, les civils, les militaires, tout l'monde ! Ha ! T'es bien feinté, là !
Fête nationale du 14 juillet
célèbre
célèbre
Prise de la Bastille 14 juillet 1789
Fête de la Fédération 14 juillet 1790
Fête de la Fédération qui célébrait quel événement, exactement ?
Euuuuh...
Par ailleurs, pourriez-vous décarrer de chez moi ?
La Fête de la Fédération ajoutée comme objet de la fête nationale pour faire plaisir aux parlementaires conservateurs, c'est un peu le voile pudique que jette la droite sur le 14 juillet pour ne pas avoir à assumer de célébrer des émeutiers excédés du prix du pain...
Mais ça, c'est un peu comme le Sacré Cœur... à choisir, j'préfère la Commune.
Fête nationale du 14 juillet
célèbre
célèbre
Prise de la Bastille 14 juillet 1789
Fête de la Fédération 14 juillet 1790
célèbre
Allez, bonne sieste, les aminches...
Gnagnagna gnagna...
14/07/21 gee

Péril mortel

Le mec à deux doigts de renommer sa section « La fourche » en « Le wok »…

25/10/21 gee

Parlons d'art contemporain

Il y a peu de temps, une oeuvre d'art contemporain a fait des remous : l'emballage de l'Arc de Triomphe dans du polypropylène, un projet de (feu) Christo. Les remous ont, comme souvent, opposé deux camps :

Alors bon, que la droite réac s'indigne, ça va pas nous faire tomber de notre chaise... c'est les mêmes qui chialent quand on met un F à « nénufar » ou qui saignent du nez quand on suggère que les LGBT devraient avoir les mêmes droits que les autres.

⚠ En revanche, j'aimerais voir un peu moins d'adhésion aveugle de principe et un peu plus d'esprit critique à gauche. Il me semble en effet qu'il y aurait pas mal de choses à analyser socialement sans se vautrer dans l'indignation réactionnaire et les cris d'orfraie de bas étage.

Au-delà de l'aspect spéculatif sur lequel je ne vais pas m'étendre, on pourrait critiquer un des principaux usages qui est fait de l'art contemporain : distinguer socialement celles et ceux qui ont le niveau intellectuel nécessaire pour apprécier la subtilité de l'art contemporain... des ploucs.

* J'invente rien, je cite Wikipédia.

Personnellement, j'ai longtemps feint la position intellectuelle, pas parce que j'appréciais réellement l'art contemporain, mais parce que j'avais bien compris que c'était ce qu'il fallait dire pour briller en société.

Et je pense que je suis loin d'être le seul.

(Je suis même assez persuadé que c'est le cas
de la majorité des gens qui défendent l'art contemporain,
mais bon, ça je ne peux pas le prouver...)

Alors j'évacue tout de suite la remarque : oui, y'a des trucs labellisés « art contemporain » qui valent qu'on s'y attarde. Des musiques de Steve Reich ou des peintures de Takashi Murakami, par exemple.

Mais ici, je vous parle de l'art contemporain « hardcore », celui qui fout une étiquette sur un urinoir ou sur une toile vierge et devant lequel on nous prie de nous incliner en silence.

On va me dire : mais qui es-tu pour décider
de ce qui est l'art qui vaut qu'on s'y attarde ?

Ben... personne, mais justement, il semble qu'on devrait
toutes et tous pouvoir le faire.

Vous voyez, quand j'étais un ado fan de Linkin Park, j'avais régulièrement ce genre de débat avec des camarades :

(Oui, j'avais les cheveux en piques à l'époque, QUOI KESKYA ?)

Je ne dis pas que ces débats étaient d'un grand intérêt, mais ils avaient le mérite d'exister : oui, l'art est discutable.

Sauf que l'art contemporain provoque chez ses adeptes la gymnastique intellectuelle la plus acrobatique : continuer de prétendre que l'art est subjectif tout en rendant indiscutable la forme d'art la plus discutable.

C'est-à-dire que si vous trouvez l'urinoir bouleversant, grand bien vous fasse, mais prière de me laisser trouver ça navrant sans supposer d'emblée que je n'ai juste pas compris.

J'ai tendance, pour ma part, à considérer que l'art doit être quelque chose qui provoque une émotion qu'on ne pourrait pas avoir par un autre moyen, ce qui en général requiert la mise en œuvre d'un certain talent ou savoir-faire.

On en arrive au nœud du problème. Ce qui fait que des œuvres d'art contemporain comme l'urinoir de Duchamp sont considérées comme art, ce n'est pas qu'elles soient intéressantes, belles, moches, choquantes ou inédites : c'est principalement la position sociale de l'artiste, validée par les autorités culturelles.

En cela, l'art contemporain, dans sa conception comme dans sa réception, repose essentiellement sur des déterminismes sociaux purement arbitraires (et participe même à les essentialiser).

À ce titre, je trouve ça assez dingue que certaines personnes se réclamant de la gauche continuent à le défendre aveuglément.

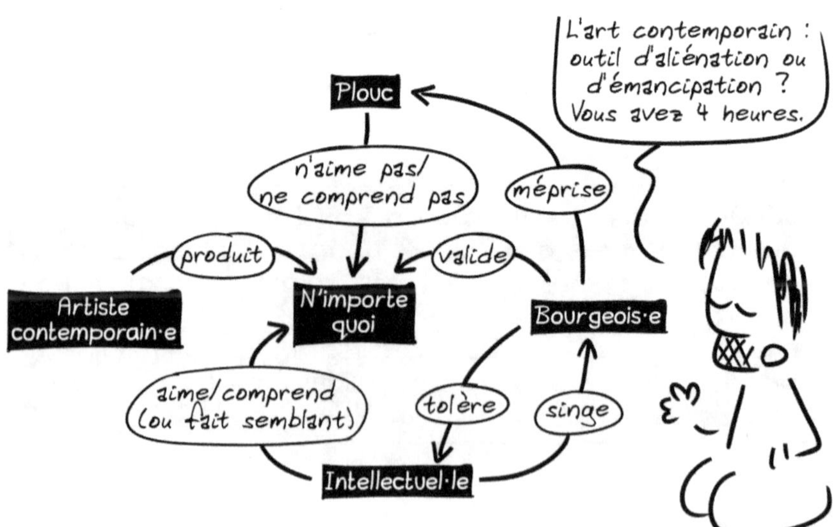

Vous allez me dire : admettons, mais est-ce que ça n'est pas la même chose pour le reste de l'art ? Oui, après tout combien « d'artistes » de renom produisent des daubes qui passent en boucle à la radio ? À l'inverse, combien de talentueuses musiciennes et de talentueux peintres vivent grâce un job alimentaire et ne connaîtront jamais le succès ?

Alors oui, les aléas du succès et le fonctionnement du star system jouent sans doute plus que le talent dans la reconnaissance de telle ou tel artiste.

Pourtant, l'art, celui « qui mérite qu'on s'y attarde », comme je le désignais, j'y suis sensible même en l'absence de position d'autorité de l'artiste.

Je ne dis pas que je vais devenir fan et acheter tous les disques de ce type – j'admets en effet la part d'aléatoire du star system et des déterminismes qui font que je réserve ce traitement à des Radiohead et cie –, mais je peux reconnaître une interprétation ou une composition brillante indépendamment de la position sociale de l'artiste.

⚠ Alors que, pardon, mais si on voyait un type envelopper des trucs dans du cellophane dans la rue en clamant à qui veut l'entendre que c'est une œuvre d'art, on aurait probablement ce genre de réaction :

Oui, on en rigolerait un bon coup et on passerait son chemin.

On devrait peut-être s'autoriser à faire la même chose même lorsque « l'œuvre » émane d'une position d'autorité.

28/10/21 gee

Zemmour à Villepinte

Le candidat d'extrême-droite aurait été blessé au poignet lors de son meeting où l'on a tabassé des militants et militantes antiracistes.

Le grand public n'existe pas

Article publié le 28 janvier 2022

« Vous êtes très politisé »

La phrase d'Emmanuel Macron, face à une personne qui l'interroge implacablement sur les conséquences désastreuses de la politique de santé publique néolibérale qu'il a poursuivie et accentuée, a fait logiquement sourire sur les internets.

Il est vrai que voir un chef d'État, chef et créateur de parti politique, ancien ministre et ancien militant du PS, remarquer la « forte politisation » de son interlocuteur, c'est un peu comme si Jeff Bezos disait à un gagnant du loto : « vous êtes très riche ».

C'est d'ailleurs une séquence qui arrive souvent : une personne lambda interpelle une personnalité du monde politique ; un buzz s'ensuit, on félicite la personne lambda d'avoir porté la parole que beaucoup de Françaises et de Français auraient aimé pouvoir dire à la personnalité politique ; puis, stupeur, on découvre que ce n'est pas une personne lambda… mais une personne *politisée* !

Ici, le mot politisé n'est bien sûr pas utilisé dans un sens positif pour marquer la valeur de l'engagement de cette personne, mais bien pour décrédibiliser sa parole : eh non, ce n'était pas un individu lambda qui représentait la personne française type, moyenne, *neutre*. C'était un individu *politisé*, et en tant que tel, sa parole devrait être prise avec des pincettes[1]. Circulez.

Réaction que l'on pourrait à peu près résumer ainsi : « *Oh mon Dieu ! Cette personne a des convictions politiques ! Tout ce qu'elle dit est donc nul et non avenu !* » Macron aurait tout aussi bien pu dire : « *vous avez beaucoup réfléchi à la question, donc si ça ne vous dérange pas, je préfère répondre à quelqu'un qui est novice sur le sujet* ».

C'est fou, cette distinction entre les personnes « politisées » et les « vraies gens de la vraie société qui n'ont pas d'opinion ». Comme si, dans la division sociale du pays, « personnes politisées » étaient un groupe à part. Alors qu'on trouve des ouvriers politisés, des infirmières politisées, des cadres sup' politisés, des héritières politisées. Qui n'en sont pas moins ouvriers, infirmières, cadres sup' ou héritières, avec chacune et chacun leur classe sociale, leurs vécus, leurs intérêts. Ne doutons pas qu'Emmanuel Macron ne considérerait que comme personnes « politisées » celles dont la politisation en question irait à l'encontre de la sienne, les autres étant bien sûr *neutres*, de *bon sens* ou toute autre expression désignant en fait l'adhésion, consciente ou non, à TINA[2].

L'illusion d'un groupe « moyen » et dépolitisé – par *essence* dépolitisé – représentant la majorité de la population est une défaite de la pensée qui a tendance à se répandre partout. De là découle l'illusion du « grand public ».

À Framasoft, l'asso dont je suis membre, c'est une question qui nous revient souvent : « *mais vous pensez vraiment que vous allez un jour convaincre le grand public ?* » Non, on ne le fera pas. Déjà, parce que ce n'est pas notre but, mais surtout, parce que le grand public n'existe pas. Si nous avons nous-même employé l'expression

1. En l'occurrence, l'homme qui avait interpelé Macron était effectivement « politisé », c'était un militant de l'Union Populaire, le mouvement de Jean-Luc Mélenchon. Et ?

2. « There is no alternative », slogan libéral. https://fr.wikipedia.org/wiki/There_is_no_alternative

par le passé, nous avons fini par intégrer l'idée que « grand public » était un concept creux où on faisait entrer un peu tout et dont, de fait, rien ne bien intéressant ne sortait. C'est ainsi que dans notre dernier article programmatique[1], nous disions :

> Nous souhaitons donc amorcer en 2022 un ensemble de projets s'adressant particulièrement aux publics associatifs, militants, ou œuvrant pour le progrès social et la justice sociale.

Ce n'est pas tant un recentrage qu'une analyse lucide du public auquel nous *pouvons* et *voulons* être les plus utiles. Ce public n'est ni « grand » ni même « majoritaire » : il est constitué par le partage d'intérêts communs. Un public « politisé » ? Sans aucun doute. Je pourrais aussi parler de « minorités agissantes »... minorités qui font pourtant partie intégrante de la société, et qui s'y fondent parfaitement.

« Les Français veulent que... »

Le concept d'un groupe majoritaire hégémonique qui se tient hors de toute polémique, de toute opinion en rupture, de toute caractéristique hors norme, est un fantasme. La personne française type, moyenne, *neutre*, n'existe pas. Nous sommes toutes et tous des exceptions à un nombre plus ou moins grand de normes.

À ce titre, la politisation n'invalide pas le reste de ce qui fait l'individu : face à un professionnel de la politique comme Macron, elle a même tendance à le renforcer, à lui donner des outils pour mettre des mots sur sa vie et celle de ses semblables, pour analyser les conditions de cette vie et les moyens de l'améliorer. C'est, à n'en pas douter, ce qui embête les professionnels de la politique, qui rêveraient d'un corps électoral entièrement dépolitisé, et *donc* perméable à leur foutue « pédagogie », sages petits élèves devant leurs maîtres.

1. « Ce que Framasoft pourrait faire en 2022, grâce à vos dons » https://framablog.org/2021/12/08/ce-que-framasoft-pourrait-faire-en-2022-grace-a-vos-dons/

Les mêmes professionnels qui répètent à l'envi « les Français veulent que », « ce que les Français veulent aujourd'hui », et toutes les variantes qu'on connaît. Alors qu'ils n'en savent foutrement rien. Pas parce qu'ils sont déconnectés – et Dieu sait qu'ils le sont – mais parce que « les Français » n'ont pas de volonté unique et hégémonique. Comme n'importe quel groupe de population, le peuple français est traversé d'intérêts, de volontés et d'opinions divergentes et souvent contradictoires.

Une diversité bien emmerdante pour un pouvoir politique qui aimerait pouvoir marginaliser ses opposants, sur le modèle « cette personne politisée ne représente pas la majorité, le *grand public* qui est raisonnable car pas biaisé par des idéologies ». Idéologies dont les gens de pouvoir sont bien sûr dépourvues, n'allons donc pas imaginer un seul instant qu'un responsable politique fasse de la politique.

Tout comme « le grand public », « la majorité » n'existe pas : la seule solution pour légitimer un pouvoir politique centralisé consiste alors à fabriquer une majorité, classiquement à l'aide du second tour où l'on ne garde que deux candidatures afin de pouvoir afficher un score à plus de 50 % pour la candidature gagnante (en prenant soin de ne pas compter la part grandissante de la population qui ne vote ni pour l'une ni pour l'autre). Pendant que la télé nous sort du « toute la France » à toutes les sauces. Tel évènement télévisuel s'est déroulé « devant toute la France », une expression qu'on entend aussi si souvent. Et pourtant...

Prenons un exemple de culture « hégémonique » : le football. Tiens, prenons même une finale de Coupe du Monde, celle de 1998, la France est en finale et joue à domicile. On s'accordera facilement à dire qu'il s'agit probablement du match le plus mythique de l'histoire du football français. *Toute la France* a regardé ce match, même les gens qui n'aiment pas le foot.

Toute la France ? Non ! Et ce n'est pas juste un petit village qui résiste encore et toujours à l'hégémonie : l'audience de ce match mythique s'élevait 23 674 000 personnes, selon *Médiamétrie*, pour une population française de 58 398 000 habitants alors. Soit 40 %[1].

1. On arrive à peu près à la même proportion pour la finale de la Coupe du Monde de Football 2018 où la France a également gagné. Sources :

Même pour un match considéré comme « historique », un match dont il était absolument impossible de ne pas entendre parler à l'époque, avec un battage médiatique hallucinant, en *prime time*, pendant les vacances d'été, un match dont on nous rebat encore les oreilles presque un quart de siècle après... eh bien une majorité nette (60 %) s'en tamponnait royalement malgré tout.

Ce qu'on appelle « le grand public », dans le meilleur des cas, lorsque les planètes s'alignent et qu'on réalise le record absolu... c'est deux personnes sur cinq.

Si j'étais taquin, je vous dirais que si on avait décidé du programme télé entre « foot » et « pas foot » de la même manière dont on décide des Présidents de la République, personne n'aurait regardé le foot ce soir-là [1].

« Z'aviez qu'à faire l'union »

Nous n'avons aucune foutue idée des goûts, des opinions, des aspirations de nos semblables. D'un point de vue culturel, c'est une excellente nouvelle : non, nos congénères ne sont pas une masse uniforme d'abrutis au cerveau lessivé par TF1 (pour celles et ceux qui en doutaient, hein, personnellement j'ai tourné le dos au cynisme branchouille depuis pas mal de temps). D'ailleurs, on nous rebat tellement souvent les oreilles des émissions à la con d'Hanouna qu'on en viendrait presque à oublier que 97 % de la population française ne les regardent pas (les émissions sont en moyenne vues par un gros million de personnes [2]).

D'un point de vue politique, c'est très inquiétant : parce que nos institutions, nos organisations politiques sont incapables de prendre

Audiences de la télévision française (Wikipédia), https://fr.wikipedia.org/wiki/Audiences_de_la_t%C3%A9l%C3%A9vision_fran%C3%A7aise#Records_d'audience_du_sport, *Démographie de la France* (Wikipédia) https://fr.wikipedia.org/wiki/D%C3%A9mographie_de_la_France

1. On me fera remarquer que l'entièreté de la population ne vote pas, différence notable avec les audiences TV. Ceci étant dit, vu l'appétence des ados pour le foot, je doute que les retirer du comptage des audiences télé augmente le score du foot...

2. *Touche pas à mon poste !* (Wikipédia) https://fr.wikipedia.org/wiki/Touche_pas_%C3%A0_mon_poste_!#Audiences

en compte et de représenter cette diversité. Les appels incessants à « l'union de la gauche » sont assez symptomatiques : le système électoral français donne une prime à « l'union », c'est-à-dire au parti qui gommera le plus les divergences et les diversités d'opinions de son corps électoral pour agréger le plus de monde. La démocratie dite « représentative » donne mécaniquement le pouvoir au moins représentatif des groupes.

La seule « représentativité » de notre système consiste en l'élection de représentant « locaux », comme si, par une sorte d'osmose territoriale, Éric Ciotti était un parfait représentant de l'aide-soignante ou du chauffeur Uber des Alpes-Maritimes. Ne parlons même pas des parachutages...

Si 28 partis anticapitalistes faisaient 3 % chacun au premier tour de l'élection présidentielle et que 2 partis néolibéraux emportaient quant à eux 8 % des voix chacun, c'est un parti néolibéral qui serait mis au pouvoir, quand bien même l'anticapitalisme aurait fait 84 % au premier tour. Je prends volontairement un exemple extrême, mais c'est le fonctionnement exact de notre système, même si son idiotie nous saute moins au visage avec un nombre de candidats plus faibles.

Ça me semble être un problème majeur et sans aucun doute à l'origine d'une bonne partie de la « démobilisation » du corps électoral, réduit à un choix impossible : voter au plus proche de ses convictions, voir sa candidature favorite perdre et avoir la certitude de ne pas être représenté ; ou s'asseoir sur ses convictions, voir sa candidature « par défaut » gagner et avoir la certitude de ne pas être représenté.

À ce problème, que nous répondent les pouvoirs politiques et médiatiques en place ? Que ce système est merdissimal et qu'il serait de bon ton de le changer si on a deux ronds d'honnêteté intellectuelle et de conviction démocratique ? Non. La réponse est toujours la même : « c'est le jeu, il est juste, z'aviez qu'à faire l'union si vous vouliez gagner ».

L'aspect « jeu » du système, avec des « vainqueurs » et des « perdants » (qui n'y sont en général pour pas grand-chose dans cette défaite) est parfaitement accepté, encouragé même, avec la fameuse « course de petits chevaux » et le commentaire incessant des sondages. On ignore qui sera le vainqueur, mais on sait déjà que ça ne sera pas la démocratie.

Alors on versera encore des larmes de crocodile à la télé face à l'abstention, bien plus *politisée* qu'on ne la présente souvent, et qui gagne implacablement du terrain élection après élection. Tout en continuant à nous répéter à l'envi que notre parfaite démocratie représentative est pourtant accessible à toutes les tendances et n'a absolument aucun biais structurel : après tout, même les mouvements anarchistes peuvent y être représentés. À condition de se trouver un chef.

Article publié le 10 février 2022

Bon, je pense qu'aucune des personnes qui me connaissent de près ou de loin sur les réseaux ne tombera de sa chaise en apprenant que j'ai à peu près autant de respect pour le délire des NFT que pour Patrick Balkany. J'en ai même fait une petite BD[1] y'a pas longtemps, en direct sur *Peertube* où j'ai eu aussi l'occasion de dire ce que j'en pensais.

Alors aujourd'hui je vais vous causer un peu plus en détails du sujet. Pas d'un point de vue technique, parce que le point de vue technique, on s'en fout. En fait, justement : je vais vous causer de *pourquoi*, à mon humble avis, on s'en fout, de cet aspect technique.

Vous avez peut-être entendu parler de la dernière glanderie NFT-ienne en date : le fils de John Lennon ~~arnaque des gogos~~ vend des NFT d'objets de son papounet… tout en les conservant, bien sûr[2]. Le même papounet qui chantait quand même « *imagine no*

1. *Le Petit Crypto-Prince*, voir page 131
2. *Miracle des NFT : le fils de John Lennon va vendre des objets ayant appartenu à son père… et les garder* (France Inter) https://www.franceinter.fr/societe/miracle-des-nft-le-fils-de-john-lennon-va-vendre-des-objets-ayant-appartenu-a-son-pere-et-les-garder

possessions, I wonder if you can ». Julian Lennon a peut-être pris l'expression « tuer le père » un peu trop à cœur, mais passons.

Rappelons qu'un NFT consiste, en gros, en un certificat numérique qui, associé à un objet numérique (en général, une image), vous en donne la « propriété ». Avec des guillemets bien sûr, puisqu'une image numérique reste une image numérique copiable à l'infini. Ah oui, et pour certifier cette « propriété », des ordinateurs partout dans le monde fournissent de la puissance de calcul pour rendre un fichier inaltérable, avec un coût énergétique non négligeable.

Si vous ne maîtrisez pas bien le sujet, vous êtes probablement face à une interrogation intellectuelle majeure : vous vous demandez peut-être s'il vous manque juste les billes pour comprendre et assimiler toute la complexité et la beauté de ce concept... ou si on a définitivement atteint le dernier degré de la connerie. Permettez-moi de vous rassurer : c'est bien la deuxième hypothèse la plus probable.

Revenons à l'analogie chère aux *cryptobros*[1] lorsqu'on leur fait gentiment remarquer que, NFT ou pas, une image numérique, ça se copie en deux clics :

> Imaginez que vous preniez en photo la Joconde : est-ce que vous considérez que vous possédez la Joconde parce que vous en avez une photo ? Non, bien sûr. Alors si vous avez une copie d'une photo numérique sur laquelle a été émis un NFT, vous ne la possédez pas, ça n'a rien à voir.

Une analogie qui vaut quand même son pesant de cryptocahuetes. Un enfant comprend la différence fondamentale entre une peinture et une *photo* de cette peinture : la peinture est un objet unique, mais on peut en réaliser une infinité de photos, photos qu'on pourra ensuite copier à l'infini. On se trouve là en face de deux objets fondamentalement différents. Alors qu'il n'y a strictement aucune différence entre une image numérique et la copie à l'octet près de cette même image.

On en arrive à l'origine de ce bazar : les technologies numériques et les copies parfaites qui en découlent rendent caduques les principes

1. Terme utilisé couramment pour désigner les fanas de NFT.

usuels de la propriété privée, principes basés sur la rareté qui, par définition, n'existe plus dans l'univers numérique. À partir de là, la population se divise entre celles et ceux qui se réjouissent de cet état de fait (et dont je suis, c'est pas pour rien que je publie tout ce que je fais sous licence libre) et les autres qui s'en désolent. C'est, sans surprise, ce second groupe qui adoptera joyeusement les NFT.

Est-ce que vraiment, ce qui nous manquait, sur Internet, c'était l'importation des mécanismes de propriété privée du monde physique ? Je sais, vous allez me dire que le numérique pose pas mal de problèmes réels : on pourrait citer par exemple les photographes qui galèrent à faire respecter la propriété de leurs images et à vivre de leur boulot. Camarades photographes, je suis désolé de vous le dire, mais les NFT ne vont pas magiquement vous sauver. Les NFT ne peuvent qu'associer un nom à un fichier, une image, etc. : en aucun cas elles ne peuvent restreindre l'usage de cet objet numérique par l'intégralité du reste de l'humanité qui y a accès.

Car le tour de force, c'est de décorréler totalement la propriété d'usage de la propriété privée. L'intronisation de la propriété privée capitalistique « classique » avait déjà réalisé cette décorrélation dans un sens, puisqu'on peut avoir l'usage d'un bien sans en être propriétaire (lorsque l'on ne possède pas l'appartement dans lequel on habite et pour lequel on paie donc un loyer, par exemple). L'inverse devient vrai avec les NFT : on peut maintenant « posséder » quelque chose au titre de la propriété privée sans en avoir l'usage exclusif, voire même sans en avoir l'usage tout court. Autant les propriétaires d'un appart' peuvent récupérer l'usage de leurs biens à échéance des baux, autant les gogos qui auront acheté les biens de John Lennon en NFT n'ont pas la plus infime chance d'y poser un jour le moindre doigt.

En cela, les NFT réalisent un vieux rêve du capitalisme : de l'argent et du capital générable sur du rien, et donc sans limite. Les NFT se résument à des titres de propriété dépouillés de tout ce qui va habituellement avec. De fait, ils ne *peuvent* avoir d'autre usage que la spéculation. Même l'idée première qui est de lier intrinsèquement UN objet à UN certificat NFT ne tient pas la route cinq secondes : absolument rien n'empêchera Julian Lennon d'émettre 10 NFT sur la même guitare de papounet. Je vais même vous dire : rien ne vous empêche de le faire vous-même, puisque ce certificat est totalement décorrélé de la possession physique et de la propriété d'usage de l'objet.

En réalité, la propriété privée, lorsqu'elle n'est pas directement liée à une propriété d'usage, découle d'une autorité de certification et de la capacité de cette autorité à faire appliquer ses certifications : la seule chose que réalise la techno des NFT, c'est de décentraliser cette autorité de certification par la *blockchain* réputée inviolable (et déjà, ça, ça se discute[1]). Quant à la capacité à faire appliquer ces certifications, vous pouvez toujours vous gratter.

Toute la machine judiciaire mondiale s'est mise en marche pour lutter contre le téléchargement illégal de musiques et de films copyrightés au début des années 2000 (avec l'incroyable succès qu'on connaît, ahem). Bon courage pour soulever la même puissance judiciaire pour empêcher jeankevindu55 de copier votre image de singe moche.

Eh oui, vous avez oublié un truc : peu importe, en fait, l'autorité de certification et même la forme des certificats. Ce qui compte, dans un mécanisme de propriété, c'est l'adhésion du nombre[2]. C'est bien pour ça que je ne vois même pas l'intérêt d'aborder l'aspect technique : que votre titre de propriété soit enregistré chez un notaire ou inscrit dans une *blockchain*, il vaut peau-de-zob s'il n'est pas reconnu.

Car en définitive, la propriété d'objet immatériel repose *intégralement* sur la reconnaissance de la légitimité de cette

1. *Les technologies de blockchain ont toujours été présentées comme inviolables (car chaque transaction est "validée" par les membres du réseau). Sauf que dans le cas d'Ethereum Classic, quelqu'un a dépensé assez d'argent pour mettre en place beaucoup de serveurs et occuper 51 % du réseau, lui donnant le pouvoir de "ré-écrire" l'historique des transactions, et ainsi gagner beaucoup d'argent.* (Liens en vrac de sebsauvage) https://sebsauvage.net/links/?0nT4dA

2. Adhésion volontaire ou contrainte, hein : personnellement je serais pour une abolition pure et simple de la propriété lucrative, mais on n'a pas toujours c'qu'on veut. Et puis si j'embraye là-dessus, je vais y passer trois heures, allez plutôt lire Proudhon https://fr.wikisource.org/wiki/Qu%E2%80%99est-ce_que_la_propri%C3%A9t%C3%A9_%3F

propriété : le notaire a la puissance de l'État derrière lui, et si le fait que votre propriété soit inscrite dans une *blockchain* vous paraît un gage de légitimité, ayez bien conscience que cette légitimité n'a rien d'intrinsèque et ne se décrète pas par la simple spécification technique. Dis plus abruptement : tout le monde s'en tamponne, de votre *blockchain*, et on continuera à copier tous les PNG du web, et Julian Lennon continuera à grattouiller la guitare de son papounet sans se préoccuper le moins du monde que, dans un fichier *inaltérable* dont tout le monde se fout, le nom d'un couillon y soit associé.

D'ailleurs, puisque maintenant, les NFT vous proposent d'être votre propre petit générateur de spéculation à votre échelle de couillon qui ne possède réellement *rien*, je vous propose ma propre autorité de certification. Ça s'appelle les *Énéftay*, c'est complètement décentralisé (vous pouvez télécharger le script Python pour les émettre directement sur votre ordinateur) et en plus, c'est relativement peu gourmand en bande passante vu que ça génère des JPG basse qualité absolument dégueulasses.

CERTIFICAT ÉNÉFTAY APPROUVÉDE

Par le pouvoir du Énéftay, Chuck Norris certifie que cette image est la propriétay exclusive de Gee et que tout personne y attentant va se faire cuir le cul.

Délivré le 16 novembre 2021 par les autorités incompétentes des interwebz. Ne peut être dupliqué. Enfin à part par un copié-collé, mais ce serait du piratage et ce serait pas très gentil.

Bon bien sûr, ce certificat n'a de valeur que si vous reconnaissez l'autorité de certification (ici, Chuck Norris, donc). Comme les NFT, en fait.

L'hypothèse Mélenchon

Article publié le 23 mars 2022

Si vous me suivez un tant soit peu, vous savez que je ne suis pas un immense fan de la démocratie représentative, pour le dire avec des gants. J'avais même écrit un article il y a de cela 5 ans, *Le deuil de la démocratie représentative*[1], qui avait eu son petit succès d'estime, et où j'y décrivais le cheminement qui m'avait mené à la conviction que notre système politique était intrinsèquement vicié. Conviction que nous sommes énormément à partager, me semble-t-il.

Vous savez aussi que ce n'est pas mon genre d'aller culpabiliser les abstentionnistes, bien au contraire[2]. Je n'ai certainement pas la prétention de dicter une quelconque conduite à qui que ce soit, de vous dire quoi faire ou quoi penser. Je vais simplement vous exposer où j'en suis, moi, à quelques semaines du premier tour de l'élection présidentielle en France. D'autres articles ont été publiés en ce sens[3], je ne suis donc pas le seul à en être là.

1. Article publié dans le premier tome de *Grise Bouille*.

2. Voir la BD *Votants, vous n'avez pas honte*, dans le tome III de *Grise Bouille*.

3. Entre autres, *Les raisons d'un vote Mélenchon* (Blog d'Albin Wagener https://blogs.mediapart.fr/albin-wagener/blog/070322/les-raisons-dun-vote-melenchon et *Pourquoi j'irai voter Jean-Luc Mélenchon* (Blog de Maiwann) https://www.maiwann.net/blog/pourquoi-melenchon/

Je pense qu'en l'état actuel des choses, des rapports de force, de l'offre politique... je pense que l'hypothèse Mélenchon est la meilleure. Je vais même aller plus loin : si je continue d'exécrer ce système où on vote pour le « moins pire » avec l'obligation systématique de renier ses convictions profondes, je dois bien dire ce « moins pire » là est significativement « moins pire » que les autres en passe d'accéder au second tour. De plusieurs ordres de grandeurs, même.

Si je faisais dans le dramatique, j'irais même jusqu'à dire que c'est un peu notre dernier espoir. Car qu'avons-nous en face ? Le renforcement et la victoire implacable du capitalisme prédateur, que ce soit par sa variante néolibérale assumée (Macron ou Pécresse) ou par sa variante fascisante mais non moins néolibérale (Le Pen ou Zemmour).

Ne nous y trompons pas : le premier quinquennat de Macron que nous venons de vivre, aussi brutal et violent qu'il ait été, n'était qu'un échauffement. J'étais loin du compte dans le texte, pourtant alarmiste, que j'avais publié quelques jours après son élection de 2017[1]. La couleur est déjà annoncée : cinq ans de plus, et ce sera la fin des services publics déjà à l'agonie, la conclusion de décennies de casse sociale et de destruction du modèle français issu du *Conseil National de la Résistance*. La promesse de travailler jusqu'à ce que mort s'ensuive pour les pauvres et en toile de fond la fuite en avant écocide, inique et autoritaire. Ses cousins d'extrême-droite nous ferons peu ou prou la même chose maquillée d'un coup de peinture tricolore, le combo réactionnaire/raciste/sexiste/homophobe en bonus.

Mes convictions politiques se situent plus du côté de l'anarcho-socialisme (aucun lien avec le PS, cela va sans dire), et je me sens immensément plus proche de la ligne d'un Philippe Poutou qui considère qu'un changement profond ne peut venir du système électoral bourgeois mais uniquement de l'imposition d'un rapport de force par la classe laborieuse et par les mouvements sociaux. Pourtant, je sens aussi à quel point la bourgeoisie, qu'elle soit

1. *Chers amis étrangers, voilà pourquoi certains d'entre nous ne sont pas ravis par l'élection de Macron*, publié dans le tome III de *Grise Bouille*.

macroniste ou lepeniste, n'a plus aucune limite dans le déchaînement de violence pour faire taire les mouvements sociaux, et à quel point les victoires de ces mouvements sociaux se font de plus en plus rare. À quel point nous perdons, partout, tout le temps. Quel avenir y a-t-il pour le mouvement social ? S'il y en a un, il n'est assurément pas dans l'hypothèse Macron ou l'hypothèse Le Pen. Il se situe, peut-être, dans l'hypothèse Mélenchon. Pour aller au plus pessimiste : quand bien même renierait-il la majorité de son programme, Mélenchon resterait un adversaire mille fois préférable à Macron pour le mouvement social.

Je ressens à quel point tout le monde est fatigué, exténué par les cinq ans que nous venons passer sous Macron. Les choses s'accélèrent tellement que ces cinq ans en ont paru dix. Nous avons vu passer la crise des Gilets Jaunes, le Covid et maintenant la guerre en Ukraine. Qu'attendre des cinq ans qui viennent ? Que sera le monde en 2027 ? Au milieu de tout cela, quel pays sera le nôtre après 10 ans de macronisme ? Partout, les risques d'effondrement systémique du capitalisme se traduisent par un durcissement du pouvoir bourgeois dont nous avons déjà pu observer les prémices :

> Les puissances du capitalisme sont en train de se rendre compte que leur modèle est fondamentalement incompatible avec la démocratie, et que les faux jeux d'alternance sont terminés : le choix sera vite fait, s'il y a quelque chose à sacrifier, ce sera la démocratie, pas le capitalisme.

Vous me pardonnerez cette auto-citation de mon article *Nous ne ferons pas barrage*[1]. Au passage, je persiste et je signe : *nous ne ferons pas barrage.* Car ce serait faire preuve d'une naïveté confondante que de se figurer Macron en un rempart au risque de fascisation de la société que représentent Le Pen et Zemmour : à bien des égards, il en a été le premier artisan ces cinq dernières années. Les prétextes pour rogner un peu plus sur nos droits et nos libertés ne manquent et ne manqueront pas : pandémies, guerres, crises énergétiques, chômage de masse, etc.

1. Article publié dans le tome IV de *Grise Bouille.*

On me dira peut-être que le risque autoritaire chez un Mélenchon existe. Peut-être, mais face à un mégalomane comme Macron qui s'est mis en scène comme un roi dès les premières minutes avec son coup d'éclat devant la pyramide du Louvre, avec sa cour de dévots qui le surnomment Jupiter, je pense qu'on a de la marge. Surtout, Mélenchon est entouré, et même *bien* entouré. Je ne suis, comme beaucoup, pas un fan du bonhomme, de ses excès de caractères et de sa tendance à dire des conneries qui offrent des boulevards à ses adversaires (sans parler de sa *fan-base* qui semble en compétition avec celle de l'UPR pour être la plus insupportable). En même temps, si ça veut dire un gouvernement avec des gens comme Clémentine Autain, François Ruffin, Mathilde Panot ou Adrien Quatennens[1], je pense que je m'en accommoderai. Quand en face on a des Darmanin, des Blanquer et des Schiappa, le choix est vite fait.

J'ajoute que la mesure phare du programme de Mélenchon consiste au passage à une VIe République par la convocation d'une assemblée constituante. Bien sûr, je ne me fais pas d'illusions, ce n'est pas la société idéale anarchiste autogérée/décroissance/socialisée dont je rêve qui en ressortira. En même temps, la perspective d'une amélioration, même à la marge, d'un système aussi moisi que notre république actuelle, suffit à me donner envie de nous donner cette chance. Parce que si je garde ma méfiance sur les travers que pourrait prendre une VIe République mal formée, je n'imagine en tout cas aucun progrès social dans l'état actuel des institutions de la Ve. Si une nouvelle constitution doit s'écrire, quel que soit le processus, on ne manquera pas de faire entendre notre voix, quitte à gueuler plus fort que ce à quoi Mélenchon s'attend.

Bon, alors je sais, vous allez me faire remarquer que selon les quelques sondages réalisés en ce sens, Macron battrait tout de même Mélenchon à plate couture s'ils se rencontraient au deuxième tour. Peut-être. Sans doute. Encore que... beaucoup de choses peuvent changer entre deux tours, dans un contexte aussi bouillonnant. Et quand bien même... paraît-il qu'il battrait n'importe qui. Alors

1. Cela va sans dire, mais c'était avant l'affaire des violences conjugales le concernant...

dans ce cas, ne serait-ce que l'idée d'un débat d'entre-deux-tours Macron-Mélenchon, ça ne vous donne pas un tout petit peu envie ? Juste d'avoir un affrontement sur deux visions de la société aussi diamétralement opposées, au lieu de laisser un clown imbécile d'extrême-droite dérouler un tapis rouge à Macron comme ce fut le cas pendant le pitoyable débat d'entre-deux-tours de 2017 ?

Allez, même, un petit plaisir coupable... mais rien que voir les gueules que tireraient des Ruth Elkrief et des Christophe Barbier au soir du premier tour en découvrant la tête de Mélenchon à côté de celle de Macron, je pense que ça rembourserait mon bulletin de vote.

Alors voilà, je ne vous dis pas de voter Mélenchon, ni même de voter tout court ; je ne suis pas magiquement devenu un partisan forcené du système représentatif de notre république ; je ne crois pas à l'homme providentiel et à toutes ces conneries. Pourtant, je vais voter Mélenchon, parce qu'il y a une chance, une minuscule chance de nous offrir *au moins* une respiration dans ce merdier. Les sondages restent déprimants mais la marche n'est pas si haute, il s'en est déjà fallu de peu en 2017.

Je me doute que cet article ne va pas plaire à une bonne partie de mon lectorat. Passer son temps à se la raconter « anarchiste » pour finir par inciter les gens à aller gentiment aux urnes ? Honnêtement, je me tamponne de la « pureté » du militantisme et de l'idéologie. Le monde, la politique, tout ça, c'est le bordel, et on avance au coup par coup, comme on peut. On ne crache certainement sur aucune victoire, même modeste. Je suis peut-être un anarchiste, mais alors un anarchiste opportuniste : peu importe le moyen, si ça apporte un pouième de progrès social, je prends.

Je vois le capitalisme, ce système de prédation qui détruit d'un même mouvement l'être humain et ses conditions de vie sur Terre, comme un immense mur qui nous enferme et que nous devons abattre. Est-ce qu'un Mélenchon président serait la boule de démolition qui nous permettrait de le mettre à terre ? Évidemment que non. Mais c'est l'hypothèse d'une fissure ; d'un début d'effritement ; d'un espoir de vacillement.

Car en face, ne nous faisons aucune illusion : cinq ans de Macron, de Le Pen, de Pécresse ou de Zemmour, et ce mur aura des miradors.

Que faire du temps qui nous est imparti

Article publié le 25 avril 2022

Alors voilà. C'est arrivé. Encore.

Nous avons évité le péril de l'extrême droite, mais avec une marge toujours plus réduite, et de fait les réjouissances devraient se faire modestes. Je ne vais même pas commenter ce que je pense d'un nouveau quinquennat Macron. Je pourrais réécrire mot pour mot l'article que j'avais publié après le second tour en 2017 tant rien n'a changé ou presque, et le peu l'ayant fait ayant plutôt empiré.

J'avais exprimé mon sentiment en des mots relativement simples au soir du premier tour, il y a deux semaines :

> Je suis fatigué putain...

Oui, je suis immensément, profondément fatigué. Je ne dois pas être le seul. Je pense que nous ressentons toutes et tous cette fatigue. Fatigue de la fatalité, de l'impuissance, partout, tout le temps.

Impuissance face à un duel Macron-Le Pen annoncé de longue date en 2017 et que nous n'avions pu éviter. Impuissance face à l'exact même scénario cinq ans plus tard, malgré tous les appels, toutes les tentatives, toute l'énergie mise à tenter de conjurer le sort. Impuissance qui n'est que la dernière d'une énorme série.

Impuissance déjà face à une crise sanitaire et à sa gestion qui aura illustré toutes les variantes de l'adjectif « désastreux ».

Impuissance ensuite face à l'horreur d'une nouvelle guerre en Europe qui, comme le notait Paul Valéry, est encore et toujours un « massacre de gens qui ne se connaissent pas, au profit de gens qui se connaissent et ne se massacrent pas ».

Impuissance, toujours, face à une catastrophe climatique mainte fois annoncée et jamais prise au sérieux par les puissances politiques. Le GIEC dit que nous avons trois ans pour réduire nos émissions de CO2, mais ne retenez pas votre souffle, il n'y a aucun suspense : les émissions ne baisseront pas. Pas en trois ans, pas en cinq, pas en dix. Pas en France, ni ailleurs. C'est le pire scénario qui arrivera, et c'est celui auquel il faut nous préparer. Maintenant. Pas dans trois ans, pas dans cinq, pas dans. . .

Bref.

C'est cet empilement d'impuissances terribles qui épuise aujourd'hui nos forces. Le constat est glacial et il devrait suffire à plonger n'importe quelle personne à peu près sensée dans une profonde détresse. Un constat sans doute partagé par tous les êtres humains au fil des siècles : nous sommes collectivement pris dans des forces et des puissances qui nous dépassent, et notre capacité à avoir prise sur la marche du monde et les décisions qui l'impactent est quasi-nulle.

Face à ce constat, la tentation serait grande de faire l'autruche : mettre la tête dans le sable, en attendant que l'orage passe. À supposer que l'orage passe. Comment faire pour avoir de l'espoir, pour garder une forme de gnaque, continuer de lutter pour nos droits et notre avenir, ne pas sombrer dans la sinistrose en des temps pourtant si sinistres ? Sans tomber dans le piège du « petit geste personnel » qu'on sait si inefficace et dépolitisant, tout en ne se berçant pas d'illusions sur ce qui est effectivement à portée de nos combats collectifs ?

Ça va sans doute paraître puéril à certaines personnes, mais peu importe, après tout chacun ses références. . . Moi, dans tout ce merdier, ce qui arrive à me remettre un peu de baume au cœur, un peu de volonté de relever la tête, c'est une citation — ou plutôt un dialogue — du *Seigneur des Anneaux* de Tolkien :

> « J'aurais voulu que cela n'ait pas à arriver de mon temps », dit Frodo[1].
>
> « Moi aussi, dit Gandalf, et il en va de même pour tous ceux qui vivent en de pareils temps. Mais il ne leur appartient pas de décider. Tout ce qu'il nous appartient de décider, c'est ce que nous comptons faire du temps qui nous est imparti. »

1. Un détail, mais il s'agit de la nouvelle traduction, d'où l'usage de Frodo (comme en VO) et non Frodon.

L'avait qu'à bien travailler à l'école

Avec l'ambition de Macron de relever l'âge de la retraite à 65 ans, vous avez peut-être entendu ou lu ce genre d'argument :

C'est un mécanisme qui revient souvent : naturaliser les inégalités sociales en les justifiant par le mérite à l'école, dans les études, etc.

Pas mal de gens semblent trouver normal – et même acceptable – que nos qualités de vies respectives soient déterminées par ce que nous faisions quand nous avions 14 ans.

Alors déjà, heureusement qu'on fait pas pareil pour l'intégralité de nos vies...

⚠ Mais le pire, c'est qu'on sait, sociologiquement, que l'école reproduit assez mécaniquement les rapports sociaux, et que le contexte familial et économique d'un ou une élève a bien plus d'influence sur ses résultats scolaires que ses efforts ou son mérite.

Histoire de laver tout soupçon d'aigreur dans mon propos, je précise ici que moi, en l'occurrence, je travaillais bien à l'école : j'ai eu mon bac S avec mention « très bien » et j'ai poursuivi mes études supérieures jusqu'au doctorat.

On pourrait aussi évoquer le fait que l'école ne convienne pas forcément à tout le monde, ou encore que la notion de « mérite » puisse largement s'inverser APRÈS l'école, justement.

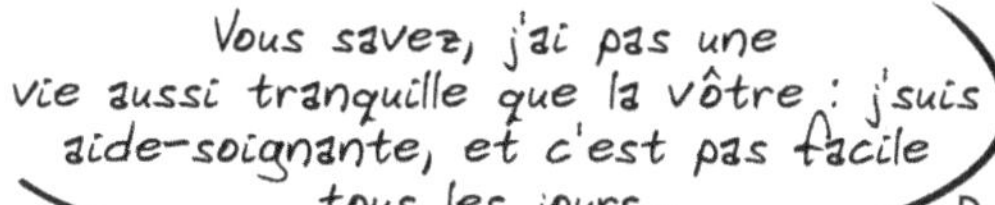

⚠ Sauf que voilà : pas mal de gens semblent d'accord avec le fait qu'une situation professionnelle difficile soit une sorte de punition par rapport à des agissements passés. Et que la société repose entièrement sur des postes dont la précarité est complètement assumée comme le lot des personnes perdantes d'une juste compétition.

Même en mettant de côté l'énorme mépris constitutif de ces raisonnements, d'un pur point de vue d'organisation de la société, cette façon de justifier un monde injuste par « l'avait qu'à bien travailler à l'école » ne tient pas...

Imaginons un monde parfait où 100 % des gens travailleraient bien à l'école et feraient des études supérieures... qui irait bosser à la chaîne ou faire le ménage ?

⚠ Parce que vouloir lutter contre la précarité en « améliorant la formation », comme ils disent, ça ne peut pas marcher, parce que ça ne peut mener qu'à ça : le déplacement de la compétition vers des surqualifications à tous les étages.

En gros, « l'avait qu'à bien travailler à l'école », ça passe pas à l'échelle macroéconomique...

Le seul moyen d'améliorer les conditions de vie des personnes « qui n'ont pas fait d'études », c'est pas de leur permettre de faire autre chose...

... c'est d'améliorer leurs conditions de vie, c'est tout.

Pour conclure : s'il y a des travaux lourds, pénibles et fatigants dont la société a besoin, arrêtons de nous satisfaire de la précarité qui en découle en la justifiant par cette connerie du « l'avait qu'à bien travailler à l'école ». Répartissons ces travaux de manière à réduire leur pénibilité et donnons aux personnes qui les font une juste rétribution et des conditions de vie digne.

Les zextrêmes

À l'occasion des législatives, on a de nouveau beaucoup entendu cette expression devenue très commune : « les zextrêmes se rejoignent ».

Vous noterez qu'avant, on parlait surtout de « l'extrême droite », mais maintenant on parle de « les zextrêmes ».

« TOUS les zextrêmes », même.

Au cas où y'en aurait plus que deux, on sait jamais...

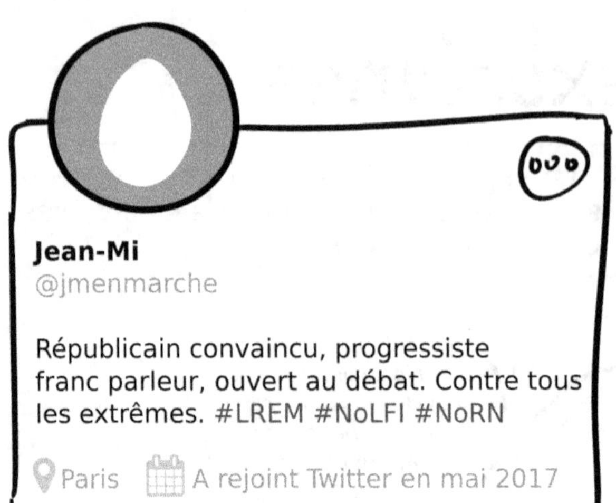

⚠ En effet, on comprend assez facilement que le terme permet l'opprobre de « l'extrême gauche », par association avec « l'extrême droite ». Ce qui, dans un pays avec l'histoire de la France, demande quand même une certaine gymnastique intellectuelle.

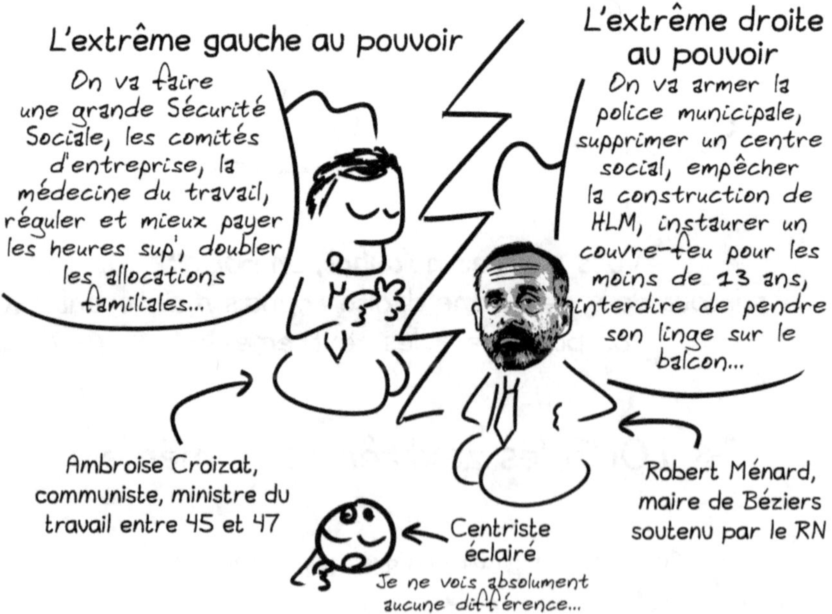

Gymnastique intellectuelle d'autant plus complexe lorsqu'elle consiste à placer la France Insoumise à l'extrême gauche...

LFI qui a un programme keynésien quand même pas bien violent et un discours autrement moins bourrin que celui du PS des années 70.

* Citation authentique de Mitterrand au congrès d'Épinay de 1971. Oui, je sais, après y'a eu le tournant de la rigueur, tout ça, mais quand même.

L'extrême gauche, ça consiste en général à renverser le capitalisme sans trop d'égards pour les règles de la République : expropriation des grands patrons, réquisition des logements inoccupés, révolution – si besoin par la lutte armée...

Pas franchement le programme de LFI, donc (sans parler de celui de la NUPES, groupe qui contient quand même les restes du PS...).

Bref, l'extrême gauche étant marginale et ayant un programme assez diamétralement opposé à celui de l'extrême droite, pourquoi donc cette expression des « zextrêmes qui se rejoignent » est-elle si utilisée ?

Ah bah faut reconnaître que c'est pratique...

Amis gauchistes, faites barrages à la haine !

On a des valeurs communes, non ?

LREM 1
RN 2
LFI 3

Amis de droite radicale, faites barrage à la menace rouge et aux khmers verts !

L'intérêt suprême de la nâââtion !

LREM 1
LFI 2
RN 3

Euuuh... joker !

LFI 1
RN 2
LREM 3

> ⚠ C'est-à-dire que le fameux « barrage républicain » a l'air quand même principalement exigé de la gauche, et très peu de la droite...

Et franchement, c'est pas nouveau.

(C'est le même Jean-Claude Gaudin qui sera tour à tour ministre sous Juppé en 1995, vice-président de l'UMP en 2002 et président du groupe UMP au Sénat en 2011. Ça a pas franchement freiné sa carrière à droite, quoi...)

On pourrait aussi parler de Philippe de Villiers ou de Christine Boutin, ministres ou secrétaires d'État chez Chirac ou Fillon et qui soutiendront tranquillou Le Pen ou Zemmour ensuite.

On ne compte pas non plus les anciens du GUD (orga étudiante violente d'extrême droite), d'Occident ou d'Ordre Nouveau (mouvements nationalistes néofascistes) qui ont fait leurs carrières pépouze côté RPR/UMP/etc. par la suite.

(Alain Madelin, Patrick Devedjian, Gérard Longuet, Hervé Novelli, Alain Robert...)

Le fameux « progressisme macroniste » n'est pas épargné, on se souvient de Nathalie Loiseau, ministre sous Édouard Philippe et ancienne membre de l'Union des Étudiants de Droite, une autre orga d'extrême droite.

Même Robert Ménard, dont je parlais plus haut, déclarait préférer « 1000 ans de Macron à 3 ans de Mélenchon ».

Côté RPR/UMP/LR, ça se lâche de plus en plus, avec un Ciotti qui déclarait qu'en cas de second tour Macron/Zemmour, il voterait Zemmour.

Tandis que la théorie raciste du « Grand remplacement », idéologie des tueurs de Christchurch, d'El Paso et de Poway, est reprise sans pression jusqu'à l'aile « modérée » (LOL) de LR.

Pour finir, aujourd'hui, par une roue libre totale du côté de la majorité présidentielle...

Position confirmée par Dupont-Moretti qui veut « avancer » avec le RN et par la volonté générale de la droite de refiler la Commission des Finances au RN...

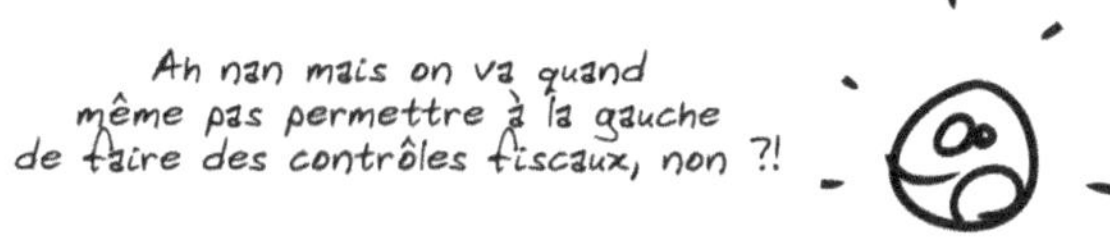

Bref, dans les faits, c'est pas « les zextrêmes » qui se rejoignent.

C'est juste les droites.

Bisous.

22/06/22 gee

Je n'veux pas être efficace

Article publié le 7 octobre 2022

Tiens, avec le retour des débats sur la fameuse « valeur travail », j'ai failli ressortir un des textes que j'ai dans un coin de mon *Nextcloud*, à moitié terminé. Ça s'appelle « En finir avec la valeur travail », pour vous situer le parti pris...

Je l'avais entamé pendant la campagne présidentielle, quand le candidat Macron avait lancé une énième connerie, du genre que quand t'es jeune, tu peux bosser 40 ou 45 heures par semaine parce que quand même, ça va, t'es jeune (je synthétise). Bon, et puis, en le relisant, je me suis dit que ce que j'y racontais n'apportait rien de vraiment inédit au débat, surtout à l'heure où on ose parler de droit à la paresse (et c'est tant mieux, merci à Sandrine Rousseau d'élargir la fenêtre d'Overton [1] à gauche, ça change).

Du coup je ressors *un autre* article du placard, qui ne parle pas exactement de la valeur travail mais plutôt de la notion d'*efficacité*... et de comment je me suis rendu compte que, contre toute attente, des fois, je ne veux pas être efficace.

1. « La fenêtre d'Overton, aussi connue comme la fenêtre de discours, est une allégorie qui situe l'ensemble des idées, opinions ou pratiques considérées comme plus ou moins acceptables dans l'opinion publique d'une société » d'après Wikipédia https://fr.wikipedia.org/wiki/Fen%C3%AAtre_d%27Overton

Passion optimisation

Pour contextualiser un peu : je suis ingénieur (et docteur) en informatique de formation, et optimiser des trucs, ça a été mon occupation principale avant que je ne bifurque comme auteur à plein temps. Même maintenant, je vais vous confier quelque chose : *j'adore* optimiser des trucs. Que ce soit écrire un script pour automatiser une tâche sur mon ordi ou bien prévoir l'ordre de mes courses pour minimiser le temps que je passe dans un supermarché.

Vous ne pouvez pas imaginer la joie immense que j'ai pu ressentir en réussissant à réduire les temps de chargement du jeu vidéo que je développe de quelques secondes à quelques dizaines de millisecondes. C'est un *kink*, comme on dit, ça s'explique pas. Et puis comme dirait mon ami Pouhiou, « si y'en a que ça dégoûte, c'est qu'y'en a que ça excite » (et vice versa).

Alors naturellement, cette tendance à optimiser tout et n'importe quoi, parfois ça déborde. Une fois, il y a quelques années, je me suis retrouvé à mesurer ma vitesse de lecture et à visiter des sites qui donnaient des techniques pour s'améliorer, avec des exercices pour lire progressivement des textes plus vite.

C'est là que j'ai tilté. *Attends une seconde... mais pourquoi je fais ça, moi ?*

J'ai une vitesse de lecture dans la moyenne, je pense. La principale raison qui pourrait me pousser à l'augmenter, ce serait : « mince, j'ai beaucoup trop de choses à lire, je n'ai pas le temps de tout lire ».

Sauf qu'en réalité, ce n'est pas vraiment le cas. Oh, bien sûr, j'ai une liste de lecture longue comme un jour sans pain. Est-ce que pour autant, c'est un problème de *vitesse* ? Mes habitudes de lectures sont très fluctuantes : je passe parfois plusieurs mois sans lire un bouquin, puis j'en lis quatre ou cinq en l'espace de quelques semaines. C'est par phase, je sais pas. Si je ne lis pas tout ce que j'ai à lire, c'est donc avant tout parce que des fois, eh bien... je n'ai pas envie. Que je sois capable de lire deux, trois ou dix pages par minute ne va donc pas changer la donne.

C'est là que je me suis rendu compte qu'en fait, je m'en foutais d'être efficace sur la lecture. Stupeur pour un passionné de l'optimisation comme moi : il y a des choses que je n'ai pas envie d'optimiser.

L'efficacité au service du capitalisme

Si je prends un peu de recul et que je suis honnête avec moi-même, la passion optimisation ne vient pas juste de mon côté informaticien-geek : elle est aussi savamment inculquée par un système économique qui pousse justement à augmenter continuellement la productivité, un système qu'on appelle le capitalisme[1].

C'est tout un mécanisme de pensée que le pouvoir bourgeois prend soin de nous faire adopter en masse : les « routines matinales » pour mieux se réveiller et être frais et dispos ne sont pas là pour améliorer votre bien être mais avant tout pour vous rendre opérationnel plus vite à votre poste de travail. En faisant un peu de provoc en langage fleuri, ou pourrait dire qu'avoir la tête dans le cul au boulot le matin, c'est anticapitaliste.

Comme la fameuse « valeur travail », la glorification de l'efficacité en toutes circonstances est une valeur qui sert en premier lieu les intérêts du capital, en nous poussant à considérer notre propre existence comme une machine productive qu'il faut donc sans cesse optimiser, pour réduire à leurs minimums les temps d'inactivité, d'inefficacité, d'improductivité.

Laisser le facteur tailler le bout de gras avec la mamie du coin de la rue représente un déficit d'efficacité criant : en lui interdisant cela, on peut espérer lui faire distribuer plus de courrier. Quant à la mamie du coin qui se sent un peu seule maintenant, qu'elle ne s'inquiète pas, on a monétisé ce qui était une interaction humaine spontanée

1. Oui, je sais, ça va devenir un jeu d'attendre la première occurrence du mot « capitalisme » dans un article de « La fourche ». J'ai quand même tenu plus de 10 paragraphes cette fois.

en un service payant [1]. Voilà qui est efficace. Et si indésirable en même temps.

Le capital se réjouira que nos vitesses de lecture augmentent, si cela nous fait acheter plus de livre ou si cela nous libère du temps pour consommer autre chose. Tout comme il exulte de voir se démocratiser l'usage du bouton permettant de regarder des vidéos en accéléré, idéal pour démultiplier les potentiels temps de consommation [2].

Je ne veux pas (toujours) être efficace

Maintenant, quand me prend l'envie d'optimiser quelque chose, je me pose toujours la question du « pourquoi ? ». Est-ce que c'est vraiment une envie profonde, quelque chose qui va me réjouir si j'arrive effectivement à être plus efficace ? Ou est-ce juste un réflexe pavlovien consistant à considérer l'efficacité comme une *valeur* en soi, déconnectée de tout affect positif autre qu'elle-même ?

Lorsque je dois faire un voyage Nice-Lorraine en voiture, c'est chiant, c'est long : tu parles que je vais optimiser. A8-A7-A6 avec quelques arrêts sur des aires d'autoroute, en calculant le bon moment pour éviter les bouchons d'Aix-en-Provence et de Lyon. Parce que dans ce cas, ce n'est pas la beauté du voyage qui m'intéresse mais le but : retrouver ma famille en Lorraine.

Par contre, si je suis en vacances et que je visite une ville à quelques heures de route, possible que je tente un chemin moins rapide mais plus joli, que je me perde sur des départementales, que je m'arrête dans des villages inconnus… ce n'est pas efficace, mais c'est plus agréable.

Même en matière d'informatique, parfois, la méthode inefficace a plus de charme pour moi. Si vous me suivez, vous savez sans doute

1. En plus, c'est pas donné, voir : *Visite du facteur à domicile, pour un échange convivial et bienveillant* (La Poste) https://www.laposte.fr/services-seniors/les-visites-du-facteur-une-prevention-contre-l-isolement-des-personnes-agees

2. Tiens, avec Pouhiou, on en causait déjà dans notre conf sur le capitalisme de surveillance : https://aperi.tube/w/65nYpdrNPiiBvJ81GNzZbM?start=1h3m14s

que je suis en train de développer un petit jeu vidéo[1] — j'en ai déjà causé en début d'article. C'est un *point and click* à la manière des jeux *LucasArts* des années 90. On me demande régulièrement : « pourquoi partir de zéro au lieu d'utiliser un moteur de jeu existant, comme celui de Godot ? » Une question pertinente s'il en est.

Au départ, je cherchais beaucoup à me justifier, à expliquer que je me sentais plus à l'aise avec du C++ brut qu'avec un logiciel que je ne connaissais pas, que c'était aussi un exercice pour comprendre étape de la création d'un jeu vidéo, sans me faire mâcher le travail... Tout cela est vrai, au passage. Pourtant, plus ça va, et plus, à la question « pourquoi ne pas utiliser *Godot* ? », j'ai envie de répondre, à la Bonisseur de La Bath :

PAS ENVIE.

En réalité, coder un logiciel de A à Z, ça me plaît, ça me motive, allez, je le dis : ça me rend heureux. Apprendre à utiliser un logiciel comme *Godot*, d'accord, je suis persuadé que c'est très intéressant et sans aucun doute plus efficace, mais... ben ça me gonfle. J'ai pas envie, c'est tout.

Alors oui, on me fera remarquer que c'est risqué de faire le pari de l'inefficacité tout en espérant tirer un revenu de ce jeu, étant devenu auteur à plein temps avec, pour l'instant, un revenu bien trop faible. Certes. En même temps, je me dis que je n'ai pas quitté le monde de l'entreprise pour reproduire les mêmes mécanismes chez moi. L'auto-exploitation, c'est bien quand c'est maîtrisé.

En plus, poussons la logique jusqu'à l'absurde : si je voulais *vraiment* être efficace sur le développement de ce jeu, en temps, en argent... est-ce que ça ne vaudrait pas le coup de garder un job d'ingénieur informatique bien payé comme j'avais, et sous-traiter le développement du jeu à une personne développant dans un pays à bas salaires ? Plus de problèmes financiers et un jeu développé rapidement. En termes d'efficacité, ce serait radical. Y'avait même

1. Il est sorti depuis, il s'appelle *Superflu Riteurnz*. https://studios.ptilouk.net

un type qui avait monté un truc du genre pour pouvoir ne rien foutre au boulot (bon, ça s'est mal fini pour lui[1]).

Évidemment, vous comprenez bien vite qu'en termes d'épanouissement, ce serait pas exactement le nec plus ultra. Sans même parler du côté éthique...

Autre exemple, tiens, pour changer de l'informatique : moi, j'adore les chocopains[2]. L'autre jour, je me suis mis en tête d'en faire moi-même. J'ai pris mon courage et mon rouleau à pâtisserie à deux mains, et j'ai fait mes chocopains maison. Honnêtement, si je juge uniquement sur le résultat : j'y ai passé des heures, je me suis bien cassé le tronc à faire une pâte feuilletée sans faire traverser le beurre, à laisser reposer, replier, laisser reposer, replier, casser du chocolat pour faire des barres à peu près correctes. C'était long, c'était compliqué... à la fin le chocopain était certes très bon, mais pas franchement meilleur que l'excellent chocopain que vend la boulangerie à deux pas de chez moi pour 1 € pièce.

J'veux dire : faire un chocopain moi-même n'a *aucun sens* d'un point de vue efficacité. Je le fais moins bien que des gens dont c'est le métier, ça me prend un temps fou et ça n'est même pas intéressant financièrement parlant. Alors pourquoi je le fais ? Pour des raisons bêtement autres. Parce que même s'il est moins bon que celui de la boulangerie, je l'apprécie aussi *parce que* c'est moi qui l'ai fait ; parce que je trouve ça chouette de savoir faire ça, d'avoir une connaissance et une compréhension d'un truc aussi beau et complexe qu'une pâte feuilletée ; parce que, de manière générale, j'aime bien cuisiner ; parce que, tout simplement, ça me procure une certaine satisfaction, un certain plaisir, une certaine joie.

---

1. Le type en question fillait 1/5e de son salaire à un cabinet de consultants chinois. Il ne branlait rien à son travail et avait d'excellentes évaluations. Voir *Un développeur salarié sous-traitait son travail en Chine* sur Le Monde Informatique https://www.lemondeinformatique.fr/actualites/lire-un-developpeur-salarie-sous-traitait-son-travail-en-chine-52107.html

2. Terme neutre pour désigner un « pain au chocolat » ou une « chocolatine » que j'ai introduit dans ma BD *Arrêtons avec les croissants* (publiée dans le tome I de *Grise Bouille*). J'avais aussi pensé à « pain au chocolat·ine », façon écriture inclusive.

Je sais, je me répète, mais il me semble que c'est le point central : faire les choses comme on veut les faire, pas pour être efficace, pas pour être productif, mais *parce que ça nous procure de la joie.*

D'ailleurs, j'avais commencé par là : c'est avant tout parce que *j'aime ça* que j'optimise souvent des trucs sur mon ordi. Faut dire que, contrairement à moi, l'ordi est une machine, il est un peu fait pour ça.

Alors tant pis si ma vitesse de lecture n'est pas si élevée. Je ne lis pas avec l'objectif de lire un livre le plus vite possible. Parfois, en lisant, j'ai l'esprit qui divague et je me rends compte que je dois relire la page. C'est inefficace, mais c'est pas grave. C'est bien d'avoir l'esprit qui divague, parfois. Il n'en a pas l'occasion si souvent.

Faire de belles choses, inefficacement

Quand je me demande dans quelle société je voudrais vivre[1], je me dis qu'une société où on organise les tâches selon la joie qu'elles peuvent apporter pourrait me plaire. Attention hein, pas *toutes les tâches.* Qu'on veuille être efficace pour les tâches ingrates histoire de minimiser le temps qu'on y passe (A8-A7-A6, encore une fois), ça me semble tomber sous le sens. Optimiser tout jusqu'au *burn-out* généralisé, par contre, on pourrait peut-être s'en passer.

Les tenants de la « valeur travail » ou de l'efficacité comme principe de vie aiment faire comme si nous vivions encore dans des sociétés primitives : comme si le fonctionnement de la société nécessitait un effort constant et soutenu où chaque parcelle d'inefficacité ou d'oisiveté serait un mal à combattre.

Que l'on souhaite maximiser l'efficacité un système où l'on ne produit pas assez de nourriture ou de biens pour que la population vive décemment, personne n'y verra à redire : mais dans notre société où l'on produit plus que ce que notre environnement peut soutenir sans devenir invivable, où l'on gaspille tant, est-ce qu'on ne devrait pas au contraire foutre au placard la « valeur travail » et le

1. Voir aussi mon article *Quel est votre rêve ?*, publié dans le tome III de *Grise Bouille.*

besoin d'efficacité ? Produire moins, beaucoup moins, mais produire mieux, pour tout le monde, et produire *sereinement* ?

Les énormes gains de productivité devraient être utilisés pour *améliorer* les conditions de productivité et non pour faire grossir toujours plus le capital. Réduire la voilure, pour le bien être des êtres humains et la survie écologique à moyen terme de l'humanité, au passage.

Forcément, je ne peux pas terminer sans citer *Pour un communisme luxueux* de Frédéric Lordon, qui explique comment, débarrassés de l'impératif productiviste capitaliste, et donc à de l'injonction à l'efficacité permanente, les êtres humains pourraient simplement trouver de la joie à faire… de belles choses.

Trains

Article publié le 9 décembre 2022

J'aime le train.

Voilà. Je ne savais pas comment commencer cet article, alors j'y vais à la OSS117 : *j'aime le train.*

Ou plutôt non, tiens, je vais faire comme pour mon article *Personal responsibility*[1] et partir d'une chanson : *Trains*, de Porcupine Tree (un fabuleux groupe que j'aime de plus en plus, je dois dire). Une chanson qui parle de... trains, oui d'accord. De la nostalgie qu'évoquent les trains au chanteur, qui a grandi près d'une gare.

J'aime les trains, j'aime ce moyen de transport : c'est tranquille, peu bruyant, rapide, confortable, et ça t'amène de centre-ville à centre-ville... enfin, du moins, c'était le cas jusqu'à l'ouverture des gares TGV au milieu de nulle part.

Je ne sais pas si je suis nostalgique des trains, mais je suis certainement nostalgique d'un certain fonctionnement des trains en France. Si vous avez l'occasion, allez voir cette animation[2] qui montre l'évolution du réseau ferré du pays, c'est fascinant.

1. Article publié dans le tome V de *Grise Bouille.*
2. *Railway map of France* par Benjamin Smith https://fr.wikipedia.org/wiki/Fichier:Railway_map_of_France_-_animated_-_fr_-_medium.gif, licences GNU Free Licence Documentation et CC BY SA

Fascinant... et un peu triste aussi, lorsque l'on voit que l'introduction des lignes à grande vitesse s'est faite au prix d'une réduction des petites lignes et d'une fermeture de plein de petites gares. Un maillage fin du territoire qu'on a détricoté année après année.

Comment on a pété un fabuleux service public

J'aime le train, et pourtant plus le temps passe, plus j'ai du mal à le prendre. Déjà, parce que l'historique flexibilité du transport (j'achète un billet valable sur n'importe quel train pendant 30 jours) est de plus en plus sacrifiée sur un modèle rigide proche de celui de l'aviation civile : des trains à réservation obligatoire, et une segmentation en différentes catégories non-compatibles entre elles (TGV, Intercités, TER, TGV-low cost OuiGo, etc.).

Lorsque j'habitais à Nice, il était toujours ubuesque de constater qu'un billet TER Nice-Cannes ne permettait pas de monter dans les TGV qui faisaient également le trajet Nice-Cannes, sur les mêmes voies et à la même vitesse.

Autre exemple, tiens : en 2002, je visite Londres pour la première fois. On fait le trajet en train depuis la Lorraine, avec un changement à Paris pour prendre l'Eurostar. Au voyage retour, l'Eurostar a du retard, on loupe le train du soir pour Bar-le-Duc... mais à l'époque, ce n'est pas un problème : on pose les bagages à la consigne de la gare de l'Est (oui, il y avait des consignes), on mange un morceau et on peut tranquillement monter dans le train Corail suivant, le dernier de la journée, vers 22 h il me semble.

Avec la ligne TGV Est d'aujourd'hui, on aurait dû se trimbaler nos bagages (au revoir les consignes), trouver un comptoir ouvert (c'est déjà pas simple), faire changer notre billet de TGV, en croisant les doigts pour que le suivant ne soit pas complet... ah bah non en fait, maintenant le dernier train est à 20 h, on l'aurait loupé, on aurait dû passer la nuit à Paris. Et je ne parle même pas de la différence de tarifs entre les anciens Corail et les nouveaux TGV, on se fâcherait (sachant que le gain de temps pour un Bar-le-Duc/Paris n'est pas énorme, vu que la ligne n'est pas à grande vitesse sur l'ensemble du trajet).

Au-delà de la perte de flexibilité, l'expérience de la dégradation ferroviaire en France peut se faire très simplement, même pas à l'échelle d'une vie mais à celle de quelques années. Encore une fois, habitant à Nice avec ma famille en Lorraine, je faisais le trajet une fois par an aux vacances de Noël. J'ai encore les billets de ces années, et une démonstration formidable de comment on détruit un service public et comment on crée une demande pour l'aviation civile :

— en 2015, je prends un train de nuit entre Nice et Toul (à 40 minutes de Bar-le-Duc), départ 19h00, arrivée à 07h00. 12 h de trajet mais je m'en fous, je dors, c'est pratique, c'est direct, je ne perds pas de journée de vacance, et je m'en sors pour 240 € aller-retour (avec une couchette) ;

— en 2017 (je n'ai pas retrouvé 2016), le train de nuit a été supprimé, je prends un TGV de jour, Nice-Toul encore une fois. Je perds deux journées de vacances, le trajet durant 8h30 en tout, mais au moins ça reste direct. On passe à 275 € aller-retour ;

— en 2018, la ligne Lyon-Nancy est supprimée, il n'y a plus de direct Nice-Lorraine. La seule option consiste à passer par Paris, avec un changement de gare (gare de Lyon / gare de l'Est) même pas direct en métro. Plus de 10 h de trajet avec le stress de la correspondance chiante pour 350 € aller-retour. J'abandonne et je prends un avion Nice-Luxembourg, 1h30 pour 250 € aller-retour (plus 1h45 de voiture pour rejoindre Bar-le-Duc).

Je n'ai aucune envie de prendre l'avion. Je n'aime pas ça, c'est hyper-contraignant, y'a la réservation, les bagages limités, faut arriver en avance, les aéroports sont à perpette, t'as pas de place pour les jambes, et bien sûr c'est très polluant. Mais au bout d'un moment, ça devient quasiment sacrificiel de choisir le train quand on te pète tellement des lignes que ton trajet devient même plus cher et plus long que tout seul en bagnole !

Alors oui, du coup, lorsque Macron a annoncé sa nouvelle lubie de créer des « RER » dans plein de métropoles, j'ai un peu pouffé. À quoi ça va servir, en fait, à part à pouvoir appeler ça des « trains Macron » ?

J'veux dire, si je reprends l'exemple de Nice où j'ai assez longtemps vécu : la ligne de train représente déjà localement une sorte de RER, avec 3 gares à Nice (Nice Ville, là où tous les trains passent, TGV compris, mais aussi Nice Saint-Augustin à l'ouest et Nice Riquier à l'est [1]), et tout un tas de petites gares sur le littoral (Cagnes-sur-Mer, Villeneuve-Loubet, etc.). Le réseau est déjà là.

Son problème ? Il est vieillissant, lent, il y a souvent des retards, et comme il n'y a qu'une voie dans chaque sens, le moindre retard se répercute en chaîne sur tous les trains suivants. Le résultat de sous-financements, d'une lente dégradation et du détricotage du service public pour préparer à l'ouverture à la concurrence. C'est un immense bordel. On n'a pas besoin d'un nouveau réseau RER : on a besoin d'un financement conséquent pour rénover l'existant et augmenter la cadence et la capacité des trains. Je suis persuadé que c'est pareil dans plein d'autres régions.

Au service du marché, pas du public

Comme le train semble vouloir à tout prix ressembler à l'avion, voilà même qu'on nous colle des portiques de sécurité maintenant. Dans ma dernière chronique radio [2], je parlais d'une mésaventure en gare de Nice où on se retrouvait à acheter des billets sur l'app parce qu'aucun guichet n'était ouvert... j'oubliais de mentionner le fait qu'on hésitait beaucoup à réserver le train qui partait 10 minutes plus tard, car on doutait de pouvoir traverser l'immense foule compressée devant les portiques en moins de 10 minutes. On ne l'a pas fait, d'ailleurs. Oui, on en est là. Et ne me faites pas rire avec la « sécurité » : une telle densité de personnes, c'est au contraire un

1. il y en a même une troisième, la gare des Chemins de Fer de Provence, terminus de la ligne qui part vers le nord à jusqu'à Digne, mais comme elle n'est pas gérée par la SNCF, mettons-la de côté.

2. *Les fracturés du numérique*, chronique donnée sur la radio *Cause Commune* dans l'émission *Libre à vous !* de l'April https://grisebouille.net/lhdg03-les-fractures-du-numerique/

facteur de risque énorme, que ce soit en cas d'attentat ou même juste de mouvement de foule (ou d'un point de vue sanitaire, tiens...).

Quant aux trains blindés, c'est pareil, il semble que ça soit considéré comme une preuve de succès et pas comme un problème. « À l'heure actuelle, le taux d'occupation moyen des Intercités tourne autour de 56 % seulement » nous dit le Figaro[1]. Le « seulement » dit tout : un train à moitié vide, c'est un coût, c'est nul.

Je vais donc vous raconter une autre expérience personnelle qui devrait satisfaire le Figaro. J'ai déménagé dans l'Essonne début septembre, pas très loin de la gare TGV de Massy-Palaiseau. Une gare proche de Paris mais qui dessert tout plein de coins partout en France (de Toulouse à Strasbourg en passant par Marseille). Et aussi, tiens, Meuse TGV. Bon, c'est une de ces gares idiotes en plein milieu de nulle part, mais c'est à 20 minutes de chez mes parents, donc ça reste relativement pratique. 1h30 de train depuis Massy TGV, contre plus de 3h00 en voiture, il n'y a pas photo !

Sauf que bien sûr, au moment où je me dis que je vais passer un week-end chez mes parents, je regarde un mois avant pour réserver... tous les trains sont complets. Un mois avant. Alors oui, c'était un « long » week-end avec un jour férié. M'enfin si les trains ne sont pas capables d'absorber le surplus inévitable (et attendu) de voyageuses et voyageurs en période de longs week-end ou de vacances, à quel moment on peut imaginer une seule seconde qu'ils constituent une alternative crédible à la bagnole individuelle ? Et puis merde, c'était pas complet 2 jours avant, mais UN MOIS avant : ça fait combien de gens laissés sur le carreau, à votre avis ?

Le Figaro doit être content : taux de remplissage à 100 %, tout va pour le mieux. Moi je pense au contraire que, en pratique, un train, ça devrait jamais être complet. Ça devrait être plein à 95 % dans les cas extrêmes, et à moitié vide en général. Oui, c'est pas optimal. Ça devrait pas l'être. Comme les lits dans les hôpitaux, quelque part : l'optimisation, elle se fait toujours au détriment des gens. Parce

1. *Les trains Intercités regagnent des clients* sur Le Figaro https://www.lefigaro.fr/societes/2017/06/08/20005-20170608ARTFIG00262-les-trains-intercites-regagnent-des-clients.php

que si prendre le train implique une espèce de compétition à qui prendra ses places le premier, si on se dit que seuls les X premiers pourcents de gens qui voyagent pourront le prendre (quelle que soit la valeur de X) et que les autres devront se débrouiller autrement : la voiture restera le moyen de transport le plus simple. Ou même l'avion, parfois, un comble.

Et quand c'est sans réservation, on arrive aussi à flinguer un service agréable sur l'autel de la rentabilité : j'y reviens, mais j'ai connu l'ouverture de la ligne TGV Est aux premières loges. J'étais étudiant à l'époque, et je faisais un aller-retour Bar-le-Duc/Nancy chaque semaine. Au départ, c'était les trains Corail de la ligne Paris-Strasbourg qui faisaient ces deux arrêts. Longs, spacieux, confortables.

Segmentation oblige, lorsque le TGV est arrivé, ce sont des TER qui ont pris le relais sur les trajets courts comme le mien. Je me souviens assez clairement du premier jour de ce changement. Un dimanche soir en gare de Bar-le-Duc, le quai comme d'habitude blindé d'étudiant·es attendant leur train pour rejoindre Nancy... Ce qui n'était pas un problème lorsque les immenses trains Corail assuraient la liaison. Sauf que là, sous nos yeux effarés, c'est un minuscule TER tout pourri de deux wagons qui arrive en gare. Cohue, train bondé, voyage de 1h15 (contre 1h00 auparavant) debout serrés comme dans un métro parisien aux heures de pointes. Le Figaro a dû avoir un petit orgasme en l'apprenant. Heureusement, le problème s'est résolu petit à petit, les TER ont fini par s'agrandir. Mais le simple fait que ce soit arrivé montre la déconnexion totale entre les politiques de transport et la réalité des besoins.

Alors oui, avec le TGV, certaines liaisons deviennent plus courtes. Paris-Marseille en 3h00 de train, ça reste incroyable. Mais au prix d'une complexification du réseau, et d'une segmentation assumée entre un réseau « de luxe » (le TGV) et un réseau secondaire délaissé et sous-financé. Avec l'éclatement des responsabilités entre État, régions, et toutes les filiales et sous-filiales de la SNCF et les futures boîtes privées qui se partageront le gâteau, plus personne n'est tenu responsable du merdier. Et pour nous qui prenons le train : correspondances qui ne suivent pas, allongement des temps de trajets si vous ne reliez pas deux grands pôles, etc.

Avant, sur la ligne Paris-Strasbourg, on avait des gens qui partaient pour un grand voyage et allaient de terminus à terminus, des étudiants et étudiantes qui reliaient leur ville de résidence et leur ville d'étude, des gens qui rejoignaient des réunions de travail dans d'autres villes, etc. Et on s'en foutait. Mais non, maintenant on considère que les cadres et les gens qui partent en vacances prennent le TGV, réservent à l'avance et/ou ont de la thune, tandis que celles et ceux qui font leurs études peuvent bien s'entasser dans des TER trop petits.

Est-ce que les cadres de la SNCF sont au courant qu'on s'en bat les reins de leur segmentation de l'offre et de leurs différentes marques de mes deux ? Je sais, ça prépare l'ouverture à la concurrence, tout ça. Dont on se tape aussi, en fait. Qui est-ce que ça fait rêver, à part les trois excités du marché libre qui continuent de mouiller leurs slips en sabordant nos services publics pour un dogme qui n'a jamais marché ?

Et comme il faut maintenant une image de marque, encore une fois inspirée de l'aviation, les pauvres « chefs de bord » sont priés de taper la réclame pour « Jean-Jean en voiture-restaurant qui vous prépare son fabuleux sandwich œufs-poulet pour 11€90 seulement »... moi qui pensais prendre un moyen de transport, j'ai l'impression de me retrouver dans un supermarché. Misère.

Niveau annonce, je lève aussi toujours les yeux au ciel quand j'entends à l'arrivée « merci d'avoir choisi Intercités ». Mais j'ai rien choisi, kiki. J'ai cherché un train pour aller du point A au point B, il se trouve que c'était un *Intercités*, mais pour tout te dire, j'en ai absolument rien à carrer : ça aurait été un TGV ou un TER, à partir du moment où je devais aller de ce point A à ce point B, je l'aurais pris aussi.

Et si on faisait un truc qui s'appellerait… le train ?

En vrai, je rêve d'un truc, un truc qui serait beau, qui serait formidable : un truc qui s'appellerait « Le Train™ ». Qui maillerait le territoire, avec des rames et des voies à grande vitesse ou non, selon ce qui est dispo ; qu'on pourrait emprunter avec un titre de transport unique ; un titre de transport *sans réservation*, valable sur n'importe quel train sur un trajet donné ; un titre de transport avec un tarif unique, clair, invariable, qui dépendrait probablement tout simplement de la distance parcourue ; un tarif qui serait *bas*, d'ailleurs largement subventionné par l'argent public pour rendre le train accessible à tout le monde, en taxant massivement l'aviation à hauteur de la pollution créée ; des trains dans lesquels on pourrait grimper simplement, sans passer par des conneries de portiques, en pouvant dire au revoir à sa famille par la fenêtre comme dans les vieux films au lieu de l'abandonner dans le hall ; des lignes qui traverseraient la France sans forcément passer par Paris, tiens ; des trains de nuit aussi, pour les longues distances, et encore une fois, pas juste pour rejoindre Paris.

Voilà. Vous voulez nous faire préférer le train à la bagnole ou à l'avion ? Faites ça. Et foutez-nous la paix avec vos « vous avez choisi le moyen de transport le plus écologique, bravo » (si si, sans déconner, y'a des annonces comme ça maintenant) : rendez le train incontournable, et l'écologie du transport ne sera plus une question de choix et de sacrifice personnel que seule une poignée de la population peut se permettre.

Rendez-nous les dates !

Il faut que je vous parle d'un truc qui m'agace dans pas mal de sites sur internet...

Chers sites web qui usez et
abusez des indications temporaires relatives...

Vous me gonflez.

⚠ Déjà, parce que vous m'obligez à faire des calculs à la con alors que c'est un peu le boulot d'un ordinateur, ça.

⚠ Ensuite, parce que plus le temps passe, plus la précision diminue.

Mmh, ça doit désigner des événements qui se sont produits il y a entre 4 et 10 jours...

Il y a 1 semaine

Euuuh, là par contre, c'est quoi ? Entre 18 et 30 mois ?!

Il y a 2 ans

Si le web avait été inventé il y a plus longtemps, on aurait ce genre de trucs, sans déconner ?

Ça devient pire que les fourchettes de livraison UPS.

Il y a 6 décennies

Il y a 1 siècle

Alors je sais, vous allez me dire...

Je veux bien que dans le cadre de médias sociaux avec des chronologies serrées, ça puisse être pratique de savoir si un message date d'il y a 5 minutes, 2 heures ou 12 heures...

Mais passé un ou deux jours, ça devient plus chiant qu'autre chose.

Pour finir, passons donc en revue différentes manières d'indiquer une date sur votre site :

Le 6 février 2019	☑ Très bien
Le 6 février 2019 (il y a 4 ans)	☑ Si ça te fait plaisir
2019-02-06	☑ ♥ Norme ISO 8601 forever
06/02/2019	☒ Bof, les Ricains comprennent « le 2 juin »
02/06/2019	☒ Bof, y'a que les Ricains qui comprennent
Il y a 4 ans	☒ NON, définitivement
6 février	☒ Non (et WTF au passage)
06/02	☒ Allez crever
Il y a 2 ans, 12 mois et 365 jours	☒ Arrêtez de coder bourré

Bref, foutez-nous la paix avec vos « il y a X temps ».

Rendez-nous les dates !

06/02/23 gee

graphismes

à la main

papier

crayons

Table à dessins

essais

aquarelles

visuels

dessins

Voici encore une fois une section qui a bien évolué depuis les débuts du blog. Ainsi, si elle avait début comme une section dévolue aux dessins réalisés sur papier (aquarelles, crayonnés), elle a fini par devenir un endroit où je range toutes mes créations graphiques diverses, même celles réalisées sur ordinateur.

Ainsi, dans ce tome, vous trouverez des variantes de mon personnage Superflu dessiné dans d'autres styles, des essais de *design* pour les personnages de mon roman *Working Class Heroic Fantasy*, et j'en passe...

Une manière un peu plus inattendue, mais quelque part bienvenue, de terminer ce tome : juste avec du dessin, pour la beauté du dessin.

À très bientôt.

RAPPORT DU GIEC :
« ON VA TOUS CREVER »
(EN GROS)

MAIS LAISSEZ-MOI SCIER CETTE BRANCHE, ENFIN !

Y'EN A MARRE DE L'ÉCOLOGIE PUNITIVE, MERDE !

10/08/21
gee

ATTENTION ! DERRIÈRE VOUS ! UN WOKE !
GUERRES
FASCISME
EFFONDREMENT DE LA BIODIVERSITÉ
POINT DE NON-RETOUR CLIMATIQUE
SOCIÉTÉ DE SURVEILLANCE
HYPERCONCENTRATION DES RICHESSES
16/02/22 gee

WORKING CLASS HEROIC FANTASY

Les personnages

BARNE MUSTII (HUMAIN, 38 ANS)

Barne est employé de bureau à Boo'Teen Corp, une entreprise qui fabrique des bottes magiques. Fraîchement divorcé, sa vie morose est rythmée par les engueulades avec son miroir parlant et les brimades de son patron, Glormax.
Il en est devenu blasé, cynique, et nostalgique des temps anciens où ses ancêtres étaient de fiers guerriers. Il n'a pas un mauvais fond mais est un pur produit du système capitaliste qui le broie.

AMÉLISE OLIA (FÉE, 90 ANS)

Syndicaliste à la FNT (Fédération Nationale des Travailleurs), Amélise tranche avec l'image lisse de la fée par son côté grande gueule et rentre-dedans.
Camarade de lutte passionnée, elle a parfois un côté Mme Je-Sais-Tout qui a tendance à agacer. Ceci étant dit, elle a très souvent raison...

CARMALIÈRE (MAGICIEN, 800 ANS)

Chef de division local de la FNT. Parfois un peu trop enflammée, souvent manipulateur, iel a une certaine tendance à saouler les gens avec ses grands discours. Iel a vécu tellement de choses qu'il est difficile de se mettre à son niveau. Iel a vu la domination des seigneurs remplacée par la domination des financiers. Iel veut mener la révolution du prolétariat et faire triompher la dignité des gens de la Terre de Grilecques.

POD FARO (GNOME, 22 ANS)

Jeune guichetier, habitué à la précarité. Il est conscient qu'il va probablement galérer toute sa vie et essaie de prendre cela avec philosophie.
Il n'est pas spécialement politisé mais, comme beaucoup de personnes de sa génération, il aimerait changer le monde sans trop savoir comment faire...

JASIONE MALARD (NAINE, 50 ANS)

Jasione travaille comme ouvrière à la chaîne et habite dans une banlieue naine pauvre. Elle est sympathique mais plutôt bourrue, assez brute de décoffrage. Elle a perdu la foi en l'action collective et conserve pas mal de rancœur envers les forces syndicales et les mouvements de gauche qui ont abandonné les classes populaires.

MILIA PIULI (ELFE, 78 ANS)

Institutrice, Milia est une bonne amie d'Amélise dont elle partage par ailleurs la lutte syndicale au sein de la FNT. Elle est plus calme et discrète que sa camarade mais n'en est pas moins déterminée dans ses combats pour les droits des travailleurs et travailleuses.

ZARFOLK (OGRE, 120 ANS)

Ancien camarade de lutte de Carmalière, Zarfolk a fini par quitter la FNT pour cause de divergences d'opinions. Anarchiste convaincu, il s'est retiré de la société et vit en ermite dans une maison où il passe le plus clair de son temps à cultiver son jardin.

MORR SARAZ (HUMAIN, 31 ANS)

Leader du Front des Inertes Fiers (FIF), groupuscule d'extrême-droite pour la suprématie des inertes (les êtres sans pouvoirs magiques). C'est un homme haineux avec un appétit certain pour l'action violente, et un goût assez prononcé pour les dragons...

KUR GLORMAX (GOBELIN, 65 ANS)

Patron de Barne, il est le prototype du petit patron sans envergure, mesquin et tyrannique. Il a peu de pouvoir mais prend tout de même un plaisir sadique à harceler ses employés.

ZAD FULMIARK (ORQUE, 88 ANS)

PDG du conglomérat Orka Universa, deuxième fortune mondiale. Il a un pouvoir et une influence considérables, tant au niveau économique que politique ou médiatique. Impitoyable et sans scrupule, il ne recule devant rien pour étendre et consolider son hégémonie.

27/05/22 gee

Joyeux Noël !
On dit GNU/Noël...
(Arbre binaire de Noël)
22/12/22 gee

Superflu dans le style de...

Table des matières

www.ingramcontent.com/pod-product-compliance
Lightning Source LLC
LaVergne TN
LVHW012044160826
845678LV00014B/2695

9782493727206